冯契讲
金岳霖哲学

冯 契◎著

华东师范大学出版社

·上海·

图书在版编目（CIP）数据

　　冯契讲金岳霖哲学 / 冯契著；刘梁剑编. -- 上海：
华东师范大学出版社，2025. -- ISBN 978-7-5760-6250
-2

　　Ⅰ. B261.5

　　中国国家版本馆 CIP 数据核字第 2025EC3243 号

冯契讲金岳霖哲学

著　　者　冯　契
责任编辑　朱华华
责任校对　江小华
装帧设计　卢晓红

出版发行　华东师范大学出版社
社　　址　上海市中山北路 3663 号　邮编 200062
网　　址　www.ecnupress.com.cn
电　　话　021－60821666　行政传真 021－62572105
客服电话　021－62865537　门市（邮购）电话 021－62869887
地　　址　上海市中山北路 3663 号华东师范大学校内先锋路口
网　　店　http://hdsdcbs.tmall.com

印 刷 者　上海中华商务联合印刷有限公司
开　　本　890 毫米×1240 毫米　1/32
印　　张　8
字　　数　172 千字
版　　次　2025 年 7 月第 1 版
印　　次　2025 年 7 月第 1 次
书　　号　ISBN 978－7－5760－6250－2
定　　价　69.80 元

出 版 人　王　焰

（如发现本版图书有印订质量问题，请寄回本社客服中心调换或电话 021－62865537 联系）

目　录

导　读
从金岳霖到冯契——哲学思想的传承与推进

杨国荣

在哲学上，冯契先生一方面上承金岳霖先生的哲学，另一方面又不限于这一系统，而是多方面地超越其视域并范围而进退之，由此形成了独特的金冯学脉。多年来，金岳霖先生在哲学上的贡献往往隐而不彰，人们习惯于将其主要视为逻辑学家。事实上，金岳霖先生首先是哲学家，逻辑学只是体现了他的一个方面的工作。20 世纪 80 年代后，随着金岳霖先生以往哲学著作的逐渐再版，他作为哲学家的特点，才逐渐为人所认识。然而，尽管金岳霖先生的哲学工作人们所知不多，但通过冯契先生的理论阐发和推进，金岳霖先生的哲学思想和进路在冯契先生任教的华东师范大学却得到了实质的延续，所谓金冯学脉，即形成于这一过程。较之于其他哲学传统，金冯学脉的特点在于至今仍具有生命力，在后续的学术共同体中，依然可以看到其作用。也就是说，它呈现为活的学术传统。

一、所与、概念与归纳方法

金岳霖先生的哲学思想体现于认识论、方法论、逻辑、形而上学等不同领域。在认识论上，金岳霖先生首先提出了"所与是客观的呈现"，这一论点体现了对"所与"的独特理解。关于"所与"，现代哲学往往从否定的方面加以理解，匹兹堡学派的奠基者塞拉斯（W. Sellars）即提出所谓"所与的神话"（the myth of the given）。根据其理解，"所与的神话"在于肯定经验知识有一个基础，而作为基础的感知或直接经验又具有原初的、无问题的特点。这一概括将肯定感觉经验归结为一种"神话"，它在批评忽视经验论概念作用的同时，又引向消解感觉的相对独立性及其知识内涵。从认识论上看，所与既是对象的呈现，也包括感觉的内容。也就是说，所与包含两重方面：对象向认识主体的呈现，这种呈现同时使对象本身进入感觉之域，并与概念和语言形式相结合。金岳霖先生肯定"所与是客观的呈现"，已注意到这一点。

冯契先生对金岳霖的以上看法表示赞同，由此也展现了对感性认识可靠性的确认。但同时，他又指出："金先生曾声明'本知识论既不是唯心，也不是唯物的知识论'。他当时自称为实在主义者。确实，《知识论》关于感觉的学说虽有唯物主义倾向，但不是彻底的唯物主义，还包含有一些烦琐哲学成分。因为当时金先生还没有马克思主义的实践观点，不懂得对象的实在感首先是由实践提供的。他没有把感性活动了解为实践，不懂得人是在变革现实的活动中感知外物的。不过，如果我们进一步把'所与是客观的呈现'的理论放在社会实践基础上加以阐发，那么，我们应该能把唯物主义的感觉论推进一步。"①这一理解表明，冯契先生将感性领域的所与和实践过程联系起来，从而使"所与"理论获得了更为可靠的基础。

与感觉经验上"所与是客观的呈现"的理论相关，金岳霖先生对概念作了具体考察，提出了概念具有双重作用，这种作用表现为摹写与规律实在。冯契先生对此也作了理论分析，并将概念的以上作用表述为对现实的摹写和规范。在确认其"包含有真理的成分"的同时，冯契先生又从辩证法的角度，对金岳霖的概念论作了考察，认为他"关于概念的学说还不是彻底的辩证法，因为金先生只承认'抽象概念'，而不承认辩证法所说的'具体概念'。他不承认科学可以而且应该把握具体真理，而认为具体（全体与个体）非名言所能表达，非抽象概念所能把握。他看不到科学的抽象是一个不断深化、不断扩展而趋于具体的辩证运动，科学由抽象上升到具体（辩证法的具体）的运动在他的视野之外"②。对金岳霖先生概念理论的以上评说，体现了冯契先生注重逻辑思维辩证法的立场。

从认识论转向方法论，归纳问题便无法回避。金岳霖先生对归纳的理解有其独特性，他扬弃了休谟等经验论的观点，并

① 冯契：《智慧的探索》，《冯契文集》（增订版）第 8 卷，上海：华东师范大学出版社，2016 年，第 191 页。
② 冯契：《智慧的探索》，第 195—196 页。

把作为方法的归纳与本体论视域联系起来。在哲学史上，休谟对归纳提出了质疑，而解决这一问题的前提，在于为归纳寻找一个客观的根据。按金岳霖先生之见，这种根据便是存在于对象之中的真正的秩序（普遍必然的联系）。冯契先生对此作了理论上的肯定，认为，事中本身包含着理，所与中也有客观的秩序，与此相应，作为归纳前提的特殊事例，并不是一种类似"这""那"的纯粹的特殊，它总是内含着普遍的关联，并表现为一种以普遍的方式接受了的所与。正由于特殊事例存在着真正的秩序，而真正的秩序又不同于以往现象的"会合"，它总是贯通于以往与未来，因而从特殊到普遍的归纳便具有合理的根据。也就是说，只要真正揭示了特殊之中的普遍，那么，归纳推论在将来也总是有效的，从而可以不至于像休谟那样，在归纳问题之前束手无策。"在承认真正的普遍之后，在承认意念不仅摹状而且规律之后，这问题底困难才慢慢地解除。"[1]金岳霖先生的这一看法注意到了方法论的研究与本体论的考察之间的关联性：客观的秩序（真正的普遍）构成了从特殊到普遍的内在基础，而作为科学方法的归纳也由此获得了某种本体论的根据。解决归纳问题的这种思路，超越了休谟的眼界。

不过，虽然冯契先生认为"《知识论》关于归纳原则的探索是富于启发意义的"[2]，但他并未停留于金岳霖的视域。冯契先生指出："人们以得自所与的概念还治所与，概念作为接

---

① 金岳霖：《知识论》，《金岳霖全集》第 3 卷，北京：人民出版社，2013 年，第 462 页。

② 冯契：《智慧的探索》，第 200 页。

受方式引用于所与，实际上已具体而微地体现了分析与综合相结合、归纳与演绎相结合的辩证过程。"① 在他看来，金岳霖先生确认"利用自然律以为手段，就是引用在试验观察中所用的方法底背后的理，以为手段或工具"②。基于这一看法，冯契先生作了进一步的引申和阐发："在实验观察中运用自然律作为接受方式，即以自然过程之'理'还治自然过程之身，科学理论便转化为方法。此所谓科学方法，在本质上是辩证的，不止于归纳而已。而这种辩证方法的原则，在以得自所与的意念还治所与的日常经验中，已经具有了胚胎。所以，应该说，形式逻辑和辩证逻辑（即作为逻辑的辩证法）是知识经验的必要条件：正因为思维按其本性遵守形式逻辑和辩证逻辑，便使科学所揭示的秩序有了'理论上的担保'。"③ 冯契先生的以上观点既揭示了金岳霖的概念之论（包括概念的双重作用）的意义，又从辩证法的角度，对其作了理论推进。

二、问题、意见、观点以及认识论与元学之辩

金岳霖先生在《知识论》中曾提出关于"先天""先验"的说法。冯契先生对此也作了深入考察，指出："金先生从概念对所与的双重作用来说明概念的后验性与先验性，而所谓先验性之'先'，指的是必要条件之先，并非时间上之先。这种

① 冯契：《智慧的探索》，第200—201页。
② 金岳霖：《知识论》，第558页。
③ 冯契：《智慧的探索》，第201页。

说法本来无可厚非。但金先生进而说逻辑是'先天形式'，归纳原则是'先验原则'，以为它们都有其本体论上的根据：'逻辑的泉源'是《论道》中所说的'式'，而先验原则则可归源于'能有出入'，这就导致形而上学了。"① 这一理解扬弃了金岳霖先生的形而上学趋向。从认识论上看，冯契先生关注于"事"与"理"的互动，特别是其中的矛盾运动。在他看来，"矛盾表现为问题、疑难。有时，经验提供了新的事实，原有的概念不能解释它，这时就发生了疑问；有时，依据科学理论提出了假设，它有没有事实可以验证，能不能成立，这也是问题；有时，不同的学说、观点彼此有矛盾，要求事实加以裁判；有时，事实之间似乎不协调，可能有假象，需要运用思维来解决"②。这里，冯契先生将问题引入认识论，并对其形成、作用过程作了具体分析，这是对认识过程的创造性理解。

根据冯契先生之见，问题的展开和解决，涉及不同意见（包括不同观点）的争论。由此，他考察了认识过程中意见和观点的争论，并指出："意见分歧可能是多种多样的：有的是细微的非原则性分歧，有的是重大的观点上的对立；有的是各有所见各有所蔽，有的是一个正确一个错误，有的是两人都错误，有的是两人都正确（因彼此不了解而发生争论）。"③ 冯契先生强调，意见的争鸣应该有实事求是的精神，需要拒绝"自以为是"的主观主义态度，只有这样，不同意见的比较、相异

---

① 冯契：《智慧的探索》，第 201 页。
② 冯契：《智慧的探索》，第 206—207 页。
③ 冯契：《智慧的探索》，第 207 页。

观点的争辩，才能进一步通过逻辑的论证、实践的检验，"使人们逐步弄清所争论的问题的性质，达到明辨是非，找到解决问题的办法"[①]。对问题以及意见和观点的以上分析，在认识论中具有独特意义，它不仅表现为对金岳霖思想的阐发，而且表现为在认识论上提出新的进路。

从认识过程的目标看，最终以具体真理为指向。冯契先生认为："具体真理以具体概念为思维形式。金先生在写《知识论》时，强调由感觉到概念是由具体到抽象的飞跃，而不承认有辩证法所说的'具体概念'。但是把'以得自所与的概念还治所与'视为交互作用的运动，我们便必然会引申出：人类的认识是一个由具体到抽象、又由抽象再上升到具体（辩证法的具体）的发展过程。"[②] 在事物的发展过程中，各个方面既是相互关联的，又是矛盾发展的。概念来自经验，以此对现实加以摹写和规范，并进一步形成判断，这种判断作为认识的一个方面，不免有片面性。然而，在不同意见、相异观点的争论中，认识过程中的片面性可以加以克服，由此达到对事物相关方面的总体认识。在此基础上，进一步规范现实，并解决特定问题，从而使认识和实践、主观和客观达到一致。在冯契先生看来："从每门科学的发展过程来说，开始总要经历从具体到抽象的阶段：从混沌的直观的具体分解出一个个抽象的规定，以求确定某一类事物的质，发现某一因果律，建立某一定理。

① 冯契：《智慧的探索》，第207页。
② 冯契：《智慧的探索》，第208页。

这些都是重要的，但这样的'真'难免抽象性，以之为根据而形成某种学说，难免要导致形而上学。但是经过不同学说、不同观点的争论，达到一定阶段，科学就又会从抽象再上升到具体（辩证法的具体）。这时从一个新的高度对各种学说进行了批判的总结，科学的范畴和规律就有机地联系起来，发展成为系统的理论，并使这一科学领域达到理论和实践、主观和客观的具体的历史的统一。这便是一定条件下、一定层次上的具体真理。"① 要而言之，事与理互动中呈现出不同的问题，在解决问题中形成的意见和观点，通过逻辑论证和实践检验，展现事物的矛盾发展，以达到真理性认识并指导变革现实的实践过程，这是冯契先生基于金岳霖先生的思考而提出的认识论见解。

如上所言，认识论与方法论相互联系。冯契先生认为，形式逻辑和辩证逻辑可以看作是不同的逻辑。从形式逻辑的角度看，人们通过概念、判断、推理等思维形式来把握世界，概念必须与对象相对应。正是这种一一对应的关系，表明思维遵守同一律，在这一层面，思维形式有它的相对静止状态。对这种相对静止状态，撇开其具体内容来考察思维形式的结构，就有了形式逻辑的科学。就辩证逻辑的角度而言，涉及黑格尔所谓"哲学的三项"，即逻辑理念、自然界和精神。根据列宁的解释，这里实际所指向的是三项：（1）自然界；（2）人的认识；（3）自然界在人的认识中的反映形式，其形式表现为概念、规

---

① 冯契：《智慧的探索》，第208页。

律、范畴，等等。冯契先生认为，辩证意义上的逻辑，也即概念的辩证法，则是现实世界的辩证法的反映和人类认识世界过程的历史总结。唯物辩证法作为方法论，无非就是运用对立统一规律来解决主观与客观的矛盾。对立统一规律是现实世界最一般的规律，也是辩证思维的根本规律。"思维运用辩证逻辑的规律与范畴，其实就是即以客观现实和认识过程的辩证法还治客观现实和认识过程之身。对立统一规律的运用表现为分析与综合结合；认识过程辩证法的运用表现为理论与实践统一。"① 在方法论上，冯契先生批评金岳霖先生只承认形式逻辑不承认辩证逻辑，他自身则在肯定形式逻辑思想的同时，又特别强调分析与综合、理论和实践的统一，并以此为辩证逻辑的主要内容。

从更广的视域看，"以得自现实之道还治现实"不仅仅是认识论问题，而且应该被理解为实现理想的活动。在冯契看来："理想的实现意味着人的自由。什么叫做自由？从认识论上说，自由是对必然的认识以及根据这种认识改造世界，也就是真理性的认识作为科学理想而得到实现；从伦理学上说，自由是人们自觉自愿地在行为中遵循'当然之则'（道德规范），也就是体现了进步人类道德理想的规范或准则，在人们的社会行为和伦理关系中得到实现；从美学上说，自由就如马克思说的在'人化的自然'中直观人自身，也就是人的本质力量在人化的自然或艺术品中对象化了、形象化了，于是审美理想在灌

---

① 冯契：《智慧的探索》，第212页。

注了人的感情的生动形象中得到实现。这是我们从辩证唯物主义观点出发给自由下的几个定义。在不同的领域，自由有不同的意义，并且自由作为一定理想的实现，都是历史地有条件的。"① 这里既涉及"以得自现实之道还治现实"，也关乎对人的自由及其内涵的理解。

自由作为人的存在方式和理想追求，具有不同的形态。在道德领域，现实的道德自由既体现于理性与感性的关系，也以更广意义上理性与情意之辩为指向，其内涵表现为理性自觉、意志自主、情感认同的统一。与道德领域相近，审美之维同样关乎人的自由，后者既意味着从感性的功利意识中解脱出来，也表现为在艺术创作中扬弃规则的专横。在人与世界的关系上，自由通过人的实践，使本然对象合乎人的需要和理想，其内容表现为自然的人化，其前提则是合目的与合法则的统一。历史地看，自由与自然具有相关性，道家（庄子）以自然为自由的内涵，但忽视了自由的目的之维与价值创造内涵，现代社会中自由而不自然，则展现了自由与自然关系的另一面。在社会政治领域，对自由的形式义与实质义，需要加以区分。与之相关的是所谓消极自由与积极自由之辩，现代政治领域中，肯定消极自由似乎成为主要趋向。从理论上看，两者都包含某种偏向。在实质的层面，自由表现为积极的创造过程，这一视域中的自由同时具有历史性。冯契先生对自由有多方面考虑，并涉及自由的不同方面。对他而言，"自由不仅是自在，而且是自

---

① 冯契：《智慧的探索》，第 215 页。

为。基于实践的认识过程，是一个由自在而自为的过程。它不仅是一个自然过程，也是一个实现人的要求自由的本质的活动。人在本质上要求自由，人的认识过程也体现了这一要求"①。

前面提到，金岳霖先生的哲学思想包含形而上学，其中关乎元学与知识论的关系。金岳霖先生在《论道·绪论》中，曾区分了知识论的态度和元学的态度，认为知识论的裁判者是理智，而元学的裁判者是整个的人。研究知识论我可以暂时忘记我是人，用客观的、冷静的态度去研究。但研究元学就不一样了，我不能忘记"天地与我并生，而万物与我为一"，人不仅在研究对象上要求理智的了解，而且在研究结果上要求得到情感的满足。冯契先生认为，以上区分有其问题。在他看来，"理智并非'干燥的光'。认识论也不能离开'整个的人'"，"应该是用 epistemology 来代替 theory of knowledge。广义的认识论不应限于知识的理论，而应该研究智慧的学说，要讨论'元学如何可能''理想人格如何培养'的问题"。这样，"在认识论研究中，也是不仅要求理智的了解，而且要求得到情感的满足"。②

不难看到，对冯契先生来说，认识论确实与形而上学（元学）不可相分，而与形而上学相关的认识论，应理解为广义认识论，后者在实质上指向智慧与知识的关系："认识论不仅要研究知识，而且尤其需要研究智慧。不论是西方还是中国，近代

① 冯契：《认识世界和认识自己》，《冯契文集》（增订版）第 1 卷，上海：华东师范大学出版社，2016 年，第 56 页。
② 冯契：《〈智慧说三篇〉导论》，《冯契文集》（增订版）第 1 卷，上海：华东师范大学出版社，2016 年，第 6 页。

讲知识论有一种倾向，就是把智慧排除在外，忽视了认识主体是整个的人，不论实证论者还是马克思主义者都有这个问题。因此对于主观能动性没有完整的理解。"① 按冯契先生的看法，广义的认识过程包括两个飞跃，即从无知到知的飞跃和从知识到智慧的飞跃。由无知到知的过程发端于实践中获得的感觉，这种感觉能够给予客观实在。他吸取了金岳霖的观点，认为知识经验领域无非是以得自经验者还治经验，得自经验者即是概念，用概念来摹写和规范经验，以得自现实之道还治现实，由此形成了知识经验。作为知识经验主体的"我"，运用逻辑范畴进行思维，运用归纳与演绎相统一的接受总则统率经验领域。形式逻辑与接受总则即构成了普遍有效的规律性知识之所以可能的条件。

从无知到知、又从知识到智慧的飞跃，既是知识论的问题，又是元学或本体论的问题；以广义的认识论为基础，冯契先生对知识论与本体论作了沟通，并由此展示了统一本体与现象的独特思路。统一的认识过程既以分别地把握一个个的事实、一条条的定理为内容，又要求对存在作终极的思考，然而，在哲学史上，二者往往被置于不同的序列，与之相应的是知识论与本体论、科学认识与存在体认、逻辑分析与人文关切的分离。康德区分感性、知性、理性，前二者属于知识论问题，后者则大致可归入本体论之列。从形式上看，将知识论与本体论放在感性、知性、理性等范畴之下加以讨论，似乎表现了以认识论统一二者的趋向，但康德同时强调，感性、知性与

---

① 冯契：《认识世界和认识自己》，第56页。

理性之间存在难以逾越的鸿沟，而这种分离又对应于现象界与物自体的二分，它在以感性、知性、理性联结认识过程的同时，又以两种认识能力的分离割裂了这一过程。知性与理性的并列和分离，实质上也就是知识与智慧的分离，而其结果则是本体与现象、科学认识与元学的彼此隔绝。康德的思路带有某种典型意义，尔后实证主义与人本主义的对立可以看作是这一思路的继续：二者从不同的角度截断了统一的认识过程，并分别强化了其中的一个方面。与近代哲学的以上思路不同，冯契先生将知识与智慧视为统一的认识过程的两个方面，以二重飞跃（从无知到知、从知识到智慧）联结了康德的知性与理性。作为统一的认识过程的两个方面，知识与智慧并不是彼此并列或对峙的二重序列，知识之中即包含着智慧的因素，智慧则始终与知识经验有着内在的联系。知识固然应向智慧转化，但转识成智的飞跃是在与知识经验的联系中实现的。

三、名言领域与超名言之域

冯契先生认为，"关于元学的智慧如何可能（以及自由人格如何培养）的问题，包括两方面：首先要问如何能'得'？即如何能'转识成智'，实现由意见、知识到智慧的转化、飞跃；其次要问如何能'达'？即如何能把'超名言之域'的智慧，用语言文字表达出来，亦即说不得的东西如何能说、如何去说。"①

①　冯契：《〈智慧说三篇〉导论》，第 7 页。

这里关乎"名言领域"与"超名言之域"。事实上，知识与智慧的关系，总是涉及"名言领域"与"超名言之域"。知识所注重的是有分别的领域，它可以用名言来把握。就表达而言，知识是由命题（包括特殊命题与普遍命题）分别地加以表示，作出不同的肯定或否定的判断，并以语句分别地加以陈述；就所表达（所知）而言，则是把对象区分为一件件的事实，一条条的定理，以把握事实和条理之间的联系，知识经验的领域即是以名言概念来区分的世界，无论是特殊命题，还是普遍命题，其真都是有条件的、相对的。与知识不同，智慧所把握的是有关宇宙人生的根本原理，它的目标是求穷通，亦即穷究宇宙万物的第一因和人生的最高境界，揭示贯穿于自然、人生之中无不通、无不由的道，并进而会通天人，达到与天地合其德的自由境界。总之，智慧追求的是无条件的、绝对的、无限的东西，"这就是难以言传的超名言之域了"[①]。而从知识到智慧的飞跃，便相应地意味着从名言之域走向超名言之域。

如何实现从名言之域的知识到超名言之域的智慧？冯契先生从理性直觉、辩证综合、德性自证诸方面作了考察。转识成智的飞跃，旨在领悟有限中的无限，相对中的绝对，这种领悟往往是在顿然之间实现的，它表现为哲学上的理性直觉。理性直觉是感性和理性的统一，它通过破而超越对待，通过立而揭示相对之中的绝对，由此达到天人、主客、能所的统一，而这

---

① 冯契：《认识世界和认识自己》，第331页。

一过程本身又实现于认识的无限的前进运动之中。通过理性直觉达到的领悟，必须以辩证的综合来论证和表达。冯先生区分了总名与达名，达名表示的是最高的类，总名所表示的是元学的理念，亦即大写的 Idea；总名可以看作是达名的辩证综合，如时空范畴便是达名，当我们说在有限中揭示无限，在瞬间把握永恒时，便是以时空范畴作辩证的综合，以表述超名言之域。与辩证综合相联系的是德性的自证。理性直觉与辩证综合的主体是我，我不仅有意识，而且能自证其德性，亦即对自己的德性作反思和验证，在言行一致的活动中自证其德性的真诚与坚定。

从中国近代哲学的衍化看，冯契先生认为，金岳霖先生内心存在一个矛盾，类似于王国维所谓"可爱与可信"的矛盾。王国维曾说："哲学上之说，大都可爱者不可信，可信者不可爱。"①"可爱者"，即指叔本华、尼采这一派哲学，即西方近代哲学中的非理性主义、人文主义的传统；"可信者"，则是孔德、穆勒以来的实证论、科学主义的传统。科学主义和人文主义、实证论和非理性主义的对立，构成了近代西方哲学的重要趋向。王国维始终没有能够解决这个矛盾，金岳霖也未能超越以上二难。他区分了知识论态度和元学态度，以为知识论是只讲可信的即实证知识的领域（即只讨论实证科学知识何以可能的问题）；而元学就不仅要求理智上的了解，而且要求情感上的满足，即要求是可爱的，这是试图用划分不同领域的办法来

---

① 王国维：《静安文集续编·自序二》，谢维扬等主编：《王国维全集》第十四卷，杭州：浙江教育出版社，2009 年，第 121 页。

解决"可爱与可信"的矛盾。但是，由此也把知识和智慧截然割裂开来，从而无法"解决科学主义和人文主义的矛盾"。冯契先生以广义的认识论超越本体与现象、知识论与元学、名言之域与超名言之域对立，一方面从一个角度试图克服王国维、金岳霖面临的问题，另一方面则对现代西方哲学作了回应。众所周知，在 20 世纪西方哲学的演进中，早期维特根斯坦从语言哲学的角度，对存在作了划界，以为哲学只能限定于可说者，对不可说者应保持沉默，这是执着于名言之域而拒斥超名言之域，它所体现的实质上乃是一种狭义知识论的立场。海德格尔一再追问存在的意义，并要求探究存在者的存在（being of beings），而这种追问与探究又关联着对科学的世界图景的批评以及对人生的终极关切，它往往超越了普通的名言之域，而引向诗化意境，它所体现的是一种疏离于科学认识的元学（形而上学）的立场。维特根斯坦与海德格尔在某种意义上代表了现代西方哲学两种基本的思维趋向，而其共同的特点则是名言之域与超名言之域的分离。冯契先生以知识与智慧相统一的广义认识论打通知识论与元学、名言之域与超名言之域，显示的是一种不同于现代西方哲学的视野。尽管也许很难说其智慧说已一劳永逸地终结了科学主义与人本主义的对峙，但它无疑为解决这种对峙提供了富有启示的思路。

四、道的内涵与本然界、事实界、可能界、价值界

对形而上学领域的具体问题，金岳霖先生在《论道》一书

中作了多方面阐述，其整个范畴包括"能""可能""式"等。冯契先生晚年曾就《论道》开设研讨班，并在研讨班作了多次讲授。金岳霖先生将能与可能的结合视为现实世界，冯契先生则认为："金先生在讲潜能时，只讲 Potentiality，而没有讲 activity，是将潜能与活动割裂开了。实际上，活动总会有表现，感觉给予客观实在感总是离不开形形色色的现象。所以不论是用殊相的变更法，还是用共相的抽象法，最后所得到的纯材料，都既是表现、是潜能，也是活动，这种表现、活动也能为人所认识。而这种认识，归结到底，都要通过感性直观。同时，从认识论来说，实践活动总是可以提供实在感的，我们所要把握的每一条最基本的规律，都是在客观实在感中获得的。因为它是实在，总会有现实性，总会提供客观实在之体而为我们所把握。"[1] 也就是说，在冯契先生看来，金岳霖先生脱离感性现实和人的实践活动考察世界，具有抽象的性质。

冯契先生认为，金岳霖先生"仅仅把道看成是能与式的结合，从而把活生生的现实之道形式化、僵化[2]。确实，金岳霖先生主张式无内外、无入出，而能常动、式常静，道作为式与能的综合，同样也是无动静、无刚柔、无阴阳、无显晦。这在形式逻辑上固然成立，但道作为能与式的综合，便具有无矛盾的性质。这种道与中国传统哲学所讲的道显然不同：中国传统哲学讲道有动静，道内含理，所谓"一阴一阳之谓道"。这

---

[1]　冯契：《哲学讲演录·哲学通信》，《冯契文集》（增订版）第 10 卷，上海：华东师范大学出版社，2016 年，第 129 页。

[2]　冯契：《哲学讲演录·哲学通信》，第 134 页。

些观点都确认道的运动、变化及其内在矛盾。与之相对，金岳霖先生则过分强调形式逻辑，把道归结为静止的、冷性的存在。他后来也意识到这一点，肯定《论道》是一个形式化的体系。总体上，冯契先生注意到，作为形而上学（元学）的主要载体，"《论道》一书一方面运用了非常严密的逻辑分析方法，从而使中国哲学达到了一个前人所没有过的新的境界，是中国哲学近代化以及中国哲学走向世界所必不可少的环节"①。但从另一方面看，又"过分注重形式逻辑的分析方法"②，从而具有形式化局限。

从形而上的视域出发，金岳霖先生提出了"本然"的问题，认为"本然世界是老是现实的'现实'"③。在金岳霖先生那里，本然界同时被规定为"先验的世界"。冯契先生明确指出，他"不同意金先生把本然界看成是先验世界的观点，也不同意他对自然界的看法。我以为自然界就是本然的现实，即可以认识的世界；经验化本然界为事实界，事实界就是经验中的自然界。具体来说，经验化本然的现实为事实界，由事实界的联系而有可能界，可能界与人的需要相结合而有价值界。本然界、事实界、可能界、价值界一起构成了自然界"④。这里既关乎本然与现实的关系，也涉及对世界的划分（所谓"本然

---

① 冯契：《哲学讲演录·哲学通信》，第 135 页。
② 冯契：《哲学讲演录·哲学通信》，第 135 页。
③ 金岳霖：《论道》，《金岳霖全集》第 2 卷，北京：人民出版社，2013 年，第 76 页。
④ 冯契：《哲学讲演录·哲学通信》，第 142 页。

界、事实界、可能界、价值界")。关于"本然"，当然可以作不同理解，金岳霖先生与冯契先生显然对此看法不同。金岳霖先生从形式的角度，将本然世界与现实存在加以等同，并认为这一世界有先验性质，这固然体现了元学与认识论统一的观点，但显然不确切。人所面对的存在，往往呈现出两重形态。首先是本然世界，作为本然之"在"，这种对象外在于人，尚未为人所作用，其特点在于还没有进入人的知行之域、未与人发生实质的关联。与之相对的是现实世界，它生成于人的活动过程，表现为人所理解和建构的世界，并对人呈现出多方面意义。本然层面的"自然"具有自在性，人的活动则呈现出目的性。在历史的变迁过程中，二者逐渐相互融合："自然"没有目的，但有自身的规定（广义的自在性）；人有目的，但这种目的不能完全无视对象的自在规定。人作用于自然的过程，既需要从自身的目的出发，也应基于自在的对象。将本然世界与相关的现实先验化，无疑否定了其实在性。

与本然存在相关的，是世界的不同形态。冯契先生不同意金岳霖先生的本然之说，并提出了本然界、事实界、可能界、价值界的思想。他虽然"承认作为自在之物的自然界即本然界的'优先地位'"，但是又强调，"承认本然界的优先地位，并不等于承认本然界是一超验的彼岸世界。从人对世界的认识的角度来看，自在之物与为我之物并无原则上的差别，它们都是统一的物质世界。它们的区别只在于自在之物尚未进入人的认识领域，属于'必然王国'的范围；而为我之物则进入了人的认识领域，逐步走向'自由王国'。人类认识的本质，从一定意义上说，就是不断化自在之物为为我之物、从必然王国走向自由王国的过程。这种过程首先便是化本然界为事实界，然后根据事实界的联系进入可能界，再根据各种可能性并与人的需要相结合，在实践中创造价值，进入价值界"。① 对冯契先生而言，以上四界即构成了自然界。值得注意的是，事实界和价值界被分别列为不同之"界"。尽管冯契先生肯定从本然界到事实界、可能界、价值界的进展表现为一个相互关联的过程，但是，从逻辑上说，"界"表征着本体论上的存在形态或存在境域。与之相应，在事实"界"、价值"界"的论说中，事实和价值似乎呈现为本体论上的不同存在规定。就其现实形态而言，当对象从本然之"在"转换为现实之"在"时，存在的现实形态或现实形态的世界不仅包含事实，而且也渗入了价值：在现实世界中，既看不到纯粹以"事实界"形式呈现的存在形态，也难以见到单纯以"价值界"形式表现出来的存在形态。从现实的形态看，前者是对象所内含的具体属性，后者作为价值的规定并不是外在或主观的附加。在现实世界中，对象既有事实层面的属性，也有价值层面的规定，两者并非相互分离；事物本身的具体性，便在于二者的统一。

如前面引述的，"四重"之界不仅涉及事实和价值，而且同时包含"可能界"。冯契先生曾肯定可能与现实之间的关联，强调："可能性依存于现实，是由现实事物之间的联系所提供

---

① 冯契：《哲学讲演录·哲学通信》，第 149 页。

的。"① 然而，在本然界、事实界、可能界、价值界相继而起又彼此并列的表述中，"可能界"似乎也成为一种与本然、事实和价值处于同一序列的存在。就存在形态而言，"可能"与"本然""事实"和"价值"具有不同规定，无法等量齐观。"可能"首先有别于"本然"，如前所言，"本然"固然意味着存在尚未进入人的知、行领域，还没有与人发生实际的关联，不过，这种存在形态在具有实在性这一点上，与现实世界又是相通的。"事实"作为进入人的知、行领域的存在，已取得"为人"的形态并与人发生多样的关系；以占有具体的时间、空间位置等为特点，"事实"同时呈现实在的形态。相形之下，"可能"在存在形态上既不同于"本然"，又有别于"事实"：无论是作为现实所隐含的存在趋向的"可能"，还是作为无逻辑矛盾意义上的"可能"，都不占有具体的时空，从而不具有本然世界和现实世界所内含的实在性。

冯契先生所提到的"本然界""事实界""价值界"同时都包含着不同意义上的"可能"。以"本然界"而言，它固然尚未进入人的知、行领域，也没有与人形成实际的关联，但却包含着进入人的知、行领域，与人发生各种关系的"可能"。在认识论和本体论上，"本然界"都存在向事实界或事实转化的可能。但当这种规定尚未被人认识时，它仍处于可能被知的形态。"本然界"也可以包含与人的需要相关的价值规定，这种规定在尚未实际地满足人的需要之时，主要表现为一种可能的

---

① 冯契：《认识世界和认识自己》，第268页。

趋向，以人实际地作用于对象为前提，"本然界"所包含的可以满足人需要的规定便由可能的形态化为现实，并成为价值意义上的现实存在形态。从以上方面看，"本然界"本身无疑同时在不同意义上包含着"可能"。

可以看到，相对于"本然界""事实界""可能界""价值界"等"四重"之界的并立，更需要关注的是本然世界和现实世界这"两重"之界的互动。前文已一再提及，本然世界是尚未进入人的知行之域、也没有与人发生任何认识和评价关系的存在，现实世界则是一种具有综合意义的存在形态，它包含价值、事实等不同规定，也兼涉多样的发展可能。从人与世界的关系看，本然世界和现实世界的区分具有更为实质的意义，如上文分析所表明的，"本然界""事实界""可能界""价值界"等"四重"之界，事实上即内含于本然世界和现实世界这"两重"世界之中。

需要指出的是，从终极的层面看，只有一个实在的世界，所谓本然世界和现实世界，可以视为同一实在相对于人而言的不同呈现形式：如前所述，当实在尚未进入人的知行之域、没有与人发生实质关联时，它以本然形式呈现，一旦人以不同的形式作用于实在并使之与人形成多重联系，实在便开始取得现实的形态。从人与世界的关系看，人通过知行活动化本然世界为现实世界，从而，"两重"世界归根到底指向现实世界或世界的现实形态。以此为视域，也可以说，对人呈现具体意义的实质上只是现实的世界。以不同存在规定的关联为具体形态，这一现实世界同时展现了存在的综合性和世界自身的统一性，后者为避免事实与价值以及事实、价值与可能之间的相分和相离提供了本体论的根据。冯契先生曾区分自在之物与为我之物，认为"自在之物是'天之天'，为我之物是'人之天'"[1]，这一意义上的自在之物和为我之物与本然世界和现实世界无疑具有实质上的相关性，同时，他也一再强调价值和事实的统一，并且反复肯定"本然界""事实界""可能界""价值界"之间的相互联系。然而，尽管如此，"四重"之界的提法在逻辑上又确乎隐含着不同之"界"并立甚而分离的可能性。在重新思考"四重"之界说时，以上方面无疑需要加以关注。

在形而上学的层面，金岳霖先生曾区分"具体"与"抽象"："普通所谓具体是与抽象相反的。它有两成分：（一）它是可以用多数谓词去摹它底状的，（二）无论用多少谓词去摹它底状，它总有那谓词所不能尽的情形。"[2] 在冯契先生看来，金岳霖先生的以上论述，涉及了一个任何哲学、任何哲学家都无法回避、必须回答的问题，即抽象与具体、一般与个别的关系问题。对金岳霖先生来说，"具体"首先是与抽象相反的东西，但具体之为具体又离不开抽象，其中可以用多数谓词去摹状的成分，就是抽象的成分，即共相或共相的关联。冯契先生认为，"金先生对'具体'的这种理解，就其体系本身而言，无疑是一贯的，即从可能与能的结合来理解'具体'，这种理解从本质上说是从抽象的角度来理解具体的，有着分析哲学的

---

① 冯契：《认识世界和认识自己》，第239页。
② 金岳霖：《论道》，第82页。

深刻影响"①。

　　冯契先生对金岳霖先生的以上评价，同时展现了拒斥抽象性的立场。从哲学的视域看，对"具体"可以有不同的理解，金岳霖先生所谓的"具体"，确实着重于形式的、抽象的层面。就现实的角度而言，"具体"包含多重向度：它既以形上与形下的沟通为内容，又肯定世界之"在"与人自身存在过程的联系；既以多样性的整合拒斥抽象的同一，又要求将存在的整体性理解为事与理、本与末、体与用的融合；既注重这个世界的统一性，又确认存在的时间性与过程性。相对于超验存在的思辨构造，肯定"具体"同时意味着更多地指向意义的世界，而达到形而上学的具体形态（具体形态的存在理论）与回归具体的存在（具体形态的存在本身），本质上表现为一个统一的过程。

---

① 　冯契：《哲学讲演录·哲学通信》，第153页。

一

金岳霖《知识论》
讲课提纲*

* 参见冯契：《哲学讲演录·哲学通信》，《冯契文集》（增订版）第 10 卷，上海：华东师范大学出版社，2016 年，第 77—96 页。——编者

《冯契文集》编者按：1985 年 3 月 21 日至 1986 年 3 月 21 日，作者在华东师大政教系中国哲学专业博士生讨论班（参加者还有该系的一些教师）上讲金岳霖《知识论》，一共讲了 8 次。当时没有作系统的录音记录，所以我们只能收入作者为自己准备的这份讲课提纲，根据讲课内容为每讲加上一个标题，并以注解的形式补充听课笔记中的有关内容（听课笔记由童世骏提供）。以讨论班的形式来培养博士生和青年教师，是作者在晚年从事的主要工作之一。在这个讨论班上，作者要求参加者不仅听他讲课，而且积极参加讨论，并提供自己的研究报告在班上宣读。除了他自己的《智慧说》，作者还系统地讲解和主持讨论了金岳霖《知识论》、《论道》和《罗素哲学》3 本书。关于采用博士生讨论班这种形式，作者在金岳霖《知识论》讨论班开班的时候作了如下说明："举办这个讨论班的目的之一在于养成一种好的学风，自由地进行哲学思维。通过讨论班的形式积累资料，形成队伍，写出几种有影响的论著，成为研究中心，甚至成为博士后人才中心。这个目标相当遥远，但要有雄心壮志。要努力培养同这个时代相称的哲学家，一个国家、民族、时代如不能产生第一流的哲学家，就是没有光辉的。"

第一讲　感觉和实践①

（一）感觉能否给予客观实在

正宗的出发方式：P. 42②。

唯主的出发方式的两个缺点：P. 72。

被知者的实在感的分析：P. 99—112。

（二）所与是客观的呈现

正觉与客观的呈现：P. 130—134。

因果说、代表说：P. 134，135。

存在即被觉说：P. 136。

（三）在社会实践的基础上加以阐述

证实：

（1）实践对付个体，肯定对象独立存在，以物质力量对付。认识只有在它反映不以人为转移的客观真理时，才能成为对人类实践有用的。实践标准必然得出唯物主义。对被动、主动的分析。

（2）实践肯定"有正觉"。

校对：P. 177—182。

（3）"当我们按照我们所感知的事物特性来利用这些事物

---

① 这一讲讨论《知识论》第一章"知识论底出发方式"、第二章"本书出发方式底理由"和第三章"所与或知识底材料"。

② 作者讲授《知识论》，所用书本为商务印书馆 1983 年版。该"讲课提纲"中的页码，均为该书页码，下不再一一注明。

的时候，我们的感性知觉的正确性就受到了检验。"①

（4）不过实践检验仍以感性能给予客观实在为前提。

（四）我引入了中国哲学的"体用"。这不是循环论证。②

---

① 恩格斯：《社会主义从空想到科学的发展》，《马克思恩格斯选集》第3卷，北京：人民出版社，1995年，第702页。

② 作者在讲课时对金先生的感觉论的贡献和他在此基础上做的工作作了以下解释："金先生的感觉论有两大贡献：对对象的实在感的细致的分析，以及在此基础上得出的'所与是客观的呈现'的理论。金先生虽然不是彻底的唯物主义者（他没有实践的观点），但他的著作可以使我们在目前的马克思主义的感觉论的基础上推进一步。我在金先生的基础上提供的新东西是：1）把他的理论放在实践的基础上。把能所关系与知行关系放在一起讲。从'知'来说，'能'对'所'是被动的；从'行'来说，'能'对'所'又是能动的。只有通过对外物的如实的认识，才能有效地指导实践；只有通过对外物的能动的改造，才能正确地认识对象。唯物主义的前提是在实践和认识的反复过程中不断地获得证实的。金先生也注意到对他的观点需要加以证实。实践对于唯物主义前提的证实不是直接的证实，而是通过对每一个具体认识的每一次证实而进行的。这种证实不能理解为归纳的论证。实践之所以能够成为检验标准，是因为肯定了与实践不可分割地联系在一起的感觉经验是客观的呈现，是可靠的东西。这在形式逻辑的观点来看是一个循环论证。不要回避这个问题。但这本来就不是形式逻辑的问题，而是一个辩证法的问题。就像列宁的物质定义一样。列宁的物质定义也只是一个认识论的开端，但它并没有证明世界统一原理。世界统一原理是长期的实践和科学发展的证明的结果。2）在接受'所与是客观的呈现'的基础上，我用中国古代哲学上的一对范畴，即'体'和'用'来解释他的这个观点。中国哲学史上很早提出体用范畴并用它们来解释神形心物关系。因果说可以初步接受，但不能把因果分割开来，看做不同的项，而要把它们看做是体和用的关系。'体'即实体，实体是自身运动的，'用'就是实体自己运动的表现。用体用讲形神关系，是范缜的贡献，用体用来讲能所关系，是王夫之的贡献。感觉既是形（体）自身所具有的神（用），又是'所'（体）自身所具有的'能'（用）。"

第二讲　概念的双重作用①

（一）抽象作用

休谟把"抽象"否定了：P. 228。

"以一范多"，"以型范实"：P. 229—231。

我改成"以类行杂""以微知著"。实际上是用前一句概括金先生的意见，而加上"以微知著"，主要是为了说明概念有从前科学概念到科学概念的发展过程。

（二）概念的双重作用

以抽象的治具体的：P. 355。

摹状：P. 356，358。

规律：P. 364，366。

二者的综合：P. 384—385。

（三）金先生的贡献及其局限

"以不变治变"：P. 394，395。

动的思想与静的思想：P. 303，306，337。

---

① 这一讲讨论《知识论》第四章"收容与应付底工具"、第五章"认识"、第六章"思想"和第七章"摹状与规律"。

第三讲　知识经验的必要条件[①]

（一）逻辑是知识经验的必要条件

P.406，407，409。

思想律、思议原则。

同一律：P.414，415。

排中律：P.415。

矛盾律：P.416。

（二）归纳原则

1. 休谟问题：（1）有无把握保障将来会与以往相似，担保将来不会推翻归纳原则？P.417，419，421。（2）归纳原则不能由归纳得来，P.451，452。休谟用习惯来解释。

2. 归纳包含一个跳跃：P.429。

归纳原则永真：P.444，445，446。

在时间打住这一条件下：P.448，449。

时间不会打住：P.449，450。

（三）讨论

1. 归纳原则是接受总则：P.456，458，461。

2. 秩序问题：对休谟、康德的批评，P.464，465。

所与底能觉底秩序一定会有，P.466；事实没有矛盾，P.469；

---

① 这一讲讨论《知识论》第七章"摹状与规律"和第八章"接受总则"。

积极的秩序，P. 469。①

---

① 　作者强调在形式逻辑和归纳原则之外还应该把辩证法看作是知识的必要
　　条件，他说："在我看来，接受总则包含归纳但不止于归纳。金先生对归
　　纳原则的表述和论证是有价值的，表明他已经从实证论那里走出来了。
　　他不但把形式逻辑而且把归纳逻辑当作知识经验的必要条件。但更全面
　　些说应该把形式逻辑和辩证逻辑都当作知识经验的必要条件。金先生说
　　'归纳原则是接受总则，在此总则之下有大纲有细则。'辩证法作为接受
　　总则就是提供金先生所谓'大纲'。""哲学发展到现在，不但提供了形式
　　逻辑，而且产生了辩证法。但辩证法还很笼统。要作具体的论证才能达
　　到具体真理。用形式逻辑的论证可保证被论证的观点与已有的知识不矛
　　盾，但这对于达到具体真理来说只是很起码的一步。还需要进一步的方
　　法。这就是辩证逻辑。"

第四讲　本然、自然和经验①

（一）本然与自然

　　1."本然的现实"，P.477；"无观"、"无对"，P.478。

　　所与是本然的现实：P.478，480。

　　2.官觉类的共同世界与特别世界＝自然界。

　　P.483，P.484，487，P.490。

　　官觉者的特殊世界：P.488。

　　讨论："官觉类"的说法是否妥当？

　　"本然的现实虽不能觉，然而可以知"：P.477。

　　随着科学技术进步，也可能觉。（在一定意义上）

（二）自然与经验

　　1.化本然为自然，化自然为事实：P.493，497。

　　能与所：P.497。

　　2.自然界中的普遍与特殊：牵扯与接触，P.500。

　　3.自然律：

　　名言世界。理之分。P.503。

　　理有固然，非必然。当然。

　　4.科学方法：P.508，513。

　　讨论：理有固然，"大约"问题，P.509。

（三）化"自在之物"为"为我之物"

　　随实践而发展的认识过程：金先生只讲了由具体到抽象，

_____

① 这一讲讨论《知识论》第九章"自然"。

而没有由抽象再上升到具体。"本然的现实"可以具体地被把握，达到主观与客观、认识与实践的具体的历史的统一。"为我之物"即"人化的自然"还体现了人的理想。

第五讲　时空和度量①

（一）时空

1. 时空问题已争论了几千年。经验论、唯理论有不同的时空观念，Kant〔康德〕的二律背反揭示了矛盾。相对论否定了绝对时空，指出"同时性"的相对意义。发生在两个不同地点的事件，在一个惯性系看来是同时的，在另一个惯性系看来就不是同时的。金先生试着解决经验论与唯理论、牛顿与爱因斯坦的矛盾。他区别个体与非个体的时空。P.530，531。

他又讲川流的时间，居据的空间与架子的时空。

P.534的比喻。P.536，538。架子的时空是应付川流与居据的工具。

2. 关于"无量"：P.543，545，548，549。

"川流无始终，而架子有极限"：P.551，552。

时面、空线：P.554。

（二）度量

1. 时空概念的双重作用：抽象地摹状，P.567。

规律：P.567，568。

川流或居据的度量：P.570。

时空度量是最基本的：P.572。

2. 度量自成一系统：P.688，689，706。

---

① 这一讲讨论《知识论》第十章"时空"和第十三章"度量"。

运用单位的方法依据理：P. 694，720，721。

3. 以度量形容性质：P. 703，704。

但不是化质为量：P. 709。

（三）对"手术论"的批评

操作主义说"任何意念都是一套相应的手术"（P. 523），以为概念的意义在于告诉人们怎样去行动，而不在于是否反映实际，他以为"名词的真正意义在于人们用它作什么，而不是说它些什么"。他把概念看作是"许多相应的操作的同义语"。他所谓操作不限于实验室操作，也包括借助语言文字来操作，他用这种观点来否定许多哲学、科学概念的意义。

批评：

（1）"手术论不能普遍地引用"，P. 526，527。

（2）手术论是约定论的推广，P. 724，725。

度量的根据是客观的。

《论手术论》一文还作了细致的分析，指出：没有严格的唯一手术，概念定义就不严格（P. 8），通常以为证实就是表示思想与事实符合的手术。这就要求证实中的证据是独立的，不是思想所产生的（P. 17）。照手术论说，证实只是一致而已（P. 18）。

× × ×

金先生的时空与度量理论有其合理因素，富有启发意义。①

---

① 作者在讲课中对金岳霖《知识论》中第十三章"度量"作如下评价："'度量'一章在《知识论》中是最有特色的部分，正像金先生自己所说的，'度量最能表示本书主旨'。"在讲课结束时，作者再一次强调："'时空'和'度量'，这两章的思想是很丰富的，值得好好钻研。"

但架子的时空却具有形而上学倾向，似乎离开川流、居据另有个静止的时空架子，那是绝对的。科学越来越深刻地揭露时空的本质，关于时空的概念是发展的，关于时空的度量越来越精密。但是本质联系不能离开客观实在，并没有离开具体时空而存在的时空架子，时空架子只是概念的抽象，是否对时空形式的本质的反映呢？"无量"的概念是经验论的，而架子有极限的说法是唯理论的。猴子打字之喻，没什么意义，因为无本质联系。而数学中的极限方法，则是反映了本质的。无限分割，其极限是"点"，这是对的。"无极而太极"，只是思辨的虚构，无法证实。

但无限分割说明在无限前进中可达到绝对的东西，也就是把握无限。有限和无限的矛盾，在无限前进的运动中展开，不断获得解决。就认识过程来说，每次达到主观与客观具体的历史的统一，就是在相对中揭示了绝对、有限中揭示出无限。对时空的认识也是如此。

第六讲　有关"类"和"故"的一些范畴①

这两章讲的是"类""故"的范畴。②

（一）"性质、关系、东西、事体、变、动"

都是作为安排方式提出的，P.631，633。在时空格式之后讲，实际上都是关于"类"的范畴。

1. 对一所与单独地有所云谓，表示性质：P.580，583。

"不同的有"。

个体不可觉：P.584，585。③

什么是关系？P.587。④

---

① 这一讲讨论《知识论》第十一章"性质、关系、东西、事体、变、动"和第十二章"因果"。

② 作者原注：关于度量、类、故、理、语言等，可在《逻辑思维的辩证法》中讨论。但"时空"与"范畴"，在"知识经验"中应讨论。

③ 作者在讲课时对金岳霖此处的观点作了如下评价："这里区别了几个概念：个体、殊相、共相。把握共相的是 conception，把握殊相的是 perception。个体不能为 perception 所把握，但可以思议。把握个体就是把握具体个体所具有的共相关联。这里有说过头的地方。但确实，一个 concrete individual 不是靠感觉完全把握得了的，而要靠思维、靠想象（文学艺术的任务就是把握个体）。但说感觉知觉中没有关于个体的认识是片面的。感知是在实践中获得的，而实践就是把对象当作个体来对待。要使认识成为具体的认识，光靠感觉是不行的。"

④ 作者在讲课时说："把'性质'和'关系'的范畴并提，有一个逻辑学上的背景：类运算和关系运算。对一个所与单独地有所云谓，所云谓的是性质。对多数所与联合地有所云谓，所云谓的是关系。"

关系的分析：P. 593。

"无量推延"：P. 596，597。

2. 东西：P. 601，事体。

3. 变不可能问题：P. 617，619。

动不可能问题：P. 625。

（二）因果①

1. 有间无间问题：P. 646，647。

2. 时间问题：P. 653，657，659，664，665。

3. 因果的背景问题：P. 668，669。②

4. 必然问题：P. 681，683。③

---

① 作者对金岳霖《知识论》中第十二章"因果"的评价是："这一章在金先生《知识论》中是最有代表性的部分，表现出金先生的精深的逻辑分析。"

② 作者在讲课中说："因果背景的问题，朴素辩证法注意到了。他们讲了很多关于有机联系、相互作用的话，如体用不二之类的。但如果只讲到这一点，就等于否认因果律，毫无用处。科学要求的是把一条条的因果律划分出来加以考察，对因果律实现的背景进行具体研究。但这样区分又有局限性。金先生的观点可以给我们很大的启发。"

③ 作者在讲课中说："'理有固然，势无必至'这个思想对于必然与偶然的区分、决定性规律与统计学规律的区分有重要意义，合理的成分很多。"

第七讲　事与理、语言和哲学①

（一）关于事与理

官能化本然的现实为所与，知觉化自然的所与为事实。

事实界有秩序，即现实固有的理。

理论与发现事实：P.778，779，780。

1. 我用动态考察代替静态分析：事与理的矛盾运动表现为发现问题与解决问题过程，通过意见、观点的论争，认识与实践反复不已，于是科学由具体到抽象，又由抽象到具体。

2. 我还把"理论化为方法"的思想展开了，与"哲学三项"结合起来，讲两种逻辑。

（二）关于语言

1. 字有四个必要条件：（1）语言文字是客观的所与。P.786。（2）样型与凭借的统一（P.789之例）。（3）字有意义，还蕴藏有情感、意味。（4）是语言中的分子。文法。P.802—803。

对约定论的批评（关于逻辑）。

撇开想象，只就思议说：思议结构不受语言文字支配。但不独立于表示工具。P.828，829，830。

2. 字有情感上的寄托，蕴藏着意味：P.796，799。

"诗差不多不能翻译"：P.816。

"哲学文字不容易译"：P.816，817，818。

---

① 这一讲讨论《知识论》第十四章"事实"，第十五章"语言"。

×　　　×　　　×

◇ 哲学用理论的思维方式，要用语言文字表达，如何才能给人理想、原动力。庄子用寓言、危言，理论思维与形象思维结合。有 3 点可说：（1）哲学的概念、范畴要有深厚的传统，并富于时代的气息。这是个困难问题，特别是在今天的中国。语言文字经历了一次很大的变化，中国哲学概念本来多用单字及其结合表示，如天、人、道、德、性、命等单字，互相结合，成天人、道德、性命等。到近代，词多半成复合的了，如自然、物质、精神等。从内容说，有些包含有比较多的旧时代的情感、气味，如天命、礼教等。不能原封不动地搬用原有范畴，但也不能割断历史。要推陈出新，使范畴富于时代气息，概括新的科学成果。（2）理论要具体，取得理想形态，可以利用一点寓言，更重要的在于体系化，学有宗旨、有头脑，并得到多方面的认证，进而对社会理想提出方案，为理想人格的培养指出途径。（3）要身体力行，不能言行不一。哲学应在自己所从事的领域中加以贯彻，在科学研究、艺术创作、教育工作中，在日常生活中努力贯彻。真正的哲学就是人格的体现。

◇ 语言用以表达具体，总有"言不尽意"的问题。语言艺术如何克服这一矛盾？要利用语言文字在历史演变中凝结成的意味、情感。同时，特别在诗篇中，也要利用语言文字的声律（有些作品还利用汉字的象形性质），以便激发读者的想象，把握诗的意境或典型性格。

第八讲　知识的主体和知识的真假①

（一）关于意识与主体

1. 事实、语言、命题的三角关系与意识，P. 850。意识的程度，P. 851。

2. 判断者＝意识主体："我"，P. 855。

"断定"的分析：P. 859—860。

3. 判断作为有意识的活动，有其文化背景：P. 861。

命题无史，判断有史：P. 862—864。

《知识论》没有多讨论意识与主体（我）的问题。这里讲的"三角关系"和对"断定"的分析，是正确的。把判断者看作知识类的一分子，有个性和历史背景，也是正确的。（1）"我"具有"统觉"。讲证实、证明、判断、推论，都以统觉为条件。我断定一命题为真，是把它与对象统一起来，把它与我已获得的其他真命题统一起来了。统觉具有综合性。自我意识从模糊到清晰，要研究。这是就认识说。而"我"是知、情、意的统一，不能忽略情、意对认识的影响。（2）"我"不仅是"类"的分子，而且是社会或群体的分子。在社会实践基础上形成社会意识、民族精神、阶级心理等。它们作为群体的意识，体现于一个个"我"的意识中，成为"我"观察、思考问题的观点。所以，不能离开人的社会性、离开人的历史发展

---

① 这一讲讨论《知识论》第十六章"命题、证实和证明"、第十七章"真假"。

来考察认识问题。主体是一般意识的主体，也是社会意识的主体。社会意识由模糊到清晰，也要研究。观点制约着认识，而且认识是在人们交往中不同意见、不同观点的争论中发展的。因此，不仅判断有历史，命题也有历史。命题在概念结构中，科学理论是认识史的总结，逻辑的东西和历史的东西是统一的。

（二）真理论

1. 符合说：符合是真假的定义，P.909。

2. 符合说的困难：

照相式的符合有困难，P.911，912。

符合说所牵扯的鸿沟，P.913—914。

3. 符合是命题与实在的符合：P.916，917。

4. 符合的标准：P.918，929。实际上即证实与证明。

5. 真理是知识的极限：P.950，951。

金先生坚持符合说，肯定真理的客观性。他对符合说的责难作了回答，有新的贡献。

但是他讲了符合是命题与实在的——相应，却没有讲符合是一个过程，是基于实践的认识由浅入深、由现象到本质、初级本质到二级本质的过程，是充满矛盾的运动。（符合要求——相应，因此可以用形式逻辑方法证实与证明。而符合是一个过程，因此要通过分析与综合、归纳与演绎、逻辑方法与历史方法的矛盾运动，到一定阶段达到主观与客观、理论与实践、知与行的具体的历史的统一：这是辩证逻辑的论证。）

（1）符合是命题与客观实在的符合，因而"真"具有绝对性、独立性。真理是相对的，又是绝对的，即具有不以人们意识为转移的独立性。这是绝对性的一个意义。但还有第二层意义。当我们说"绝对真理是相对真理的总和"[1] 时，是指"极限"。包罗无遗的真理，要无量时间，也就是老达不到。但一定领域一定层次上的真理，即达到主观与客观的具体的历史的统一的真理，是在一定阶段上可以达到的。这仍然是相对之中的绝对，然而是在一定条件下的完成形态，就是客观的全面的真理。

（2）金先生当时还没有社会实践观点。实践是检验主客观是否符合的唯一标准，检验是有意识的活动，有"我"作主体。在检验时，如果有命题与对象在感觉上融洽，思想作为假设在指导行动中产生预期的结果，那便是符合，证实了命题的真。但社会实践的标准是确定的，又是不确定的。社会实践在矛盾中发展，认识也是如此。要把检验看作一个社会的历史过程，科学理论总要经过许多人作多方面的探索和反复地用实践检验，才能达到主观与客观的具体的历史的统一。这时讲融洽与效果，已经是以一定历史条件下的社会群体为主体了。

（3）用实践检验的同时，要运用逻辑。待证的命题要求与已经证实的命题在逻辑上一致。这种一致首先是形式逻辑上的一致。在用实践验证时，要作演绎的和归纳的论证。然而从真理是过程来说，还须进一步作辩证法的论证。

_____

[1] 艾思奇：《辩证唯物主义历史唯物主义》，北京：人民出版社，1961年，第188页。

二

论"以得自现实之道还治现实"①*

① 本文系作者在纪念金岳霖的学术
讨论会上的发言（讨论会于 1985
年 12 月 10—12 日在北京举行），
原载《学术月刊》1986 年第 3 期。
收入中国社会科学院哲学研究所
编：《金岳霖学术思想研究》，四川
人民出版社 1987 年版。

* 参见冯契：《智慧的探索》，第
203—218 页。——编者

1957 年春，我把我的通俗小册子《怎样认识世界》的清样寄给金岳霖先生过目，并趁我到北京开会之便，请他跟我当面谈谈他的意见。金先生当时住在北大燕东园。他约定一个晚上叫我到他家去，特别准备了几样下酒菜，请我喝泡了枸杞子的酒，跟我边喝边谈。他仔仔细细地对我的小册子提了意见，也说了许多鼓励的话，勉励我顺着辩证唯物主义的路子前进，并说："我那个《知识论》不行，许多问题搞成唯心论、形而上学了。"又说："形而上学，自古已然，于今为烈！我的《论道》特别严重。"他如此严格要求自己，在学生面前作自我批评，使我深为感动。但我觉得老师的自我批评有些过分了，便说："金先生太谦虚了。你的著作有许多合理的东西，谁也不能抹煞。譬如说，我这小册子中讲概念对现实有摹写和规范的双重作用，还说在科学研究中即以客观现实之道还治客观现实之身，理论便转化为方法，这都是金先生的见解，我不过换了两个字，略加引申罢了。我以为金先生的《知识论》讲概念的'摹状与规律'，讲得自所与的意念还治所与，是合乎辩证法的。"金先生沉吟了一下，说："嗨，这一点，我大概讲对了。"接着，我们便就如何研究和发展辩证唯物主义认识论问题，作了长时间的讨论，直至深夜。

　　以后我还多次到北京去看望金先生，跟他讨论了其他一些问题，但没有一次比得上 1957 年那个晚上的讨论给我印象深刻。因为正是那次讨论，使我明确了一点：为要把认识论的研究引向深入，我应该从老师自己肯定为"讲对了"的地方出发，沿着辩证唯物主义的路子前进。所以我后来对金先生的某些论点又作了进一步的引申和发挥。这些发挥当然不一定是金先生自己的主张，但我以为，如果我的发挥中也包含有某些合理成分，那便可以说明金先生的著作是富于生命力的。

关于金先生在认识论上的重要贡献，我已写了一篇文章作扼要介绍①。他的《知识论》"主旨是以经验之所得还治经验"②，它在肯定感觉"化本然的现实为所与（Given）""所与是客观的呈现"的前提下，说明"所谓知识，就是以抽自所与的意念还治所与"③。抽象概念对所与有摹写和规范的双重作用，人们用得自所与的概念来摹写和规范所与，即以所与之道还治所与之身，这从对象方面说，就是本然的现实化为自然，自然的所与化为事实；从主体方面说，便是主体由意识、知觉到一件件事实，理解了一条条现实固有的条理；而综合起来说，这个主客交互作用的程序就是知识经验。

所以在我看来，《知识论》的中心思想可以用"以得自现实之道还治现实"一语来概括。以下我将说明，从这一中心思想还可以作出一些什么引申和发挥。

"以得自现实之道还治现实"作为认识的自然过程

人类认识现实世界的活动，也是现实洪流中的自然过程之

①　即本书中《金岳霖先生在认识论上的贡献》一文。——编者
②　金岳霖：《知识论》，《金岳霖全集》第 3 卷，北京：人民出版社，2013 年，第 756 页。
③　金岳霖：《知识论》，第 207 页。

一。《知识论》讲主客交互作用和以经验之所得还治经验，注重于对人类的知识经验作多层次的静态分析，而没有把它作为基于社会实践的历史进化和个体发育的自然过程来进行考察。但上述中心思想中包含有辩证法因素，这种因素如果得到贯彻，那便要求从运动、发展的观点来考察感觉和概念、事实和理论、主观和客观之间的交互作用，把这种交互作用了解为辩证的发展过程。这样一来，动态考察代替了静态分析，"以得自现实之道还治现实"便有了新的含义。

如果我们从发展观点来考察认识过程，显然，我们不能把概念看作是经一次抽象便取得完成形态的。儿童最初获得的概念往往是粗糙的前科学概念，如他在母亲的教导下，从吃梨、吃苹果等经验中抽象出"水果"的概念，认为水果就是可以生吃的、甜的、有水分的果子。儿童用这种前科学概念作为接受方式去应付所与，有时正确（如把"水果"概念引用于枇杷），有时则错误（如说藕、萝卜都是有水分的果子）。后来他上了学，老师教他自然知识，教他观察植物，他才懂得植物的果实是花结出来的，里面包含有种子，种子具有繁殖的机能，等等。这就是比较科学的概念了。

儿童既掌握了这个正确地摹写现实的概念，又转过来运用它来规范现实，用它作为尺度来把果实与非果实区分开来。如他看到藕，便说藕不是果实，因为它不是荷花结出来的，而莲蓬才是果实；他看到松果，便说松果是果实，因为它是松花结出来的，上面长的松子是种子。这样他运用科学地摹写现实的概念来规范现实，便又对具体事物如鲜藕、松果等作了摹写。

在这既摹写又规范的过程中，前科学概念被改造为科学概念，而经验得到了整理、安排，成为有科学秩序的了。而科学还要随实践经验的发展而发展。现代生物学用胚种细胞中的 DNA 来说明遗传的机制，说明果实中的种子何以有繁殖的机能而使物种得以延续下去。这样的科学概念比之儿童从小学教科书中获得的概念来当然是深刻而丰富得多了。可见概念有一个从前科学概念到科学概念、从低级阶段的科学概念到高级阶段的科学概念的发展过程。在这过程中，以得自现实之道还治现实，摹写与规范反复不已，概念越来越深入到事物的本质，而经验越来越因经过整理而秩序井然。这种根源于经验、反映事物本质而秩序井然的知识就是科学知识。

　　这一经验与概念交互作用的过程，就是事实与理论互相促进的运动。金先生指出，知识的进步就在于随着经验的开展不断地在"事中求理""理中求事"①。而从发展的观点来看，这也就是事和理互相矛盾的运动。矛盾表现为问题、疑难。有时，经验提供了新的事实，原有的概念不能解释它，这时就发生了疑问；有时，依据科学理论提出了假设，它有没有事实可以验证，能不能成立，这也是问题；有时，不同的学说、观点彼此有矛盾，要求事实加以裁判；有时，事实之间似乎不协调，可能有假象，需要运用思维来解决。不论哪种情况，都是出现了事实和理论、主观和客观的不一致，也就是概念在摹写和规范现实的过程中出现了矛盾。一当人们意识到了这种矛盾

---

① 　参见金岳霖：《知识论》，第 853—855 页。

或不一致，就会产生疑问。疑问、惊诧是思想之母。于是人的认识运动就表现为不断地发展问题和解决问题的过程。

而问题（特别是比较重大的问题）被发现和解决的过程，往往要通过不同意见（包括不同观点）的争论。问题是客观过程（以及认识过程）中的矛盾的反映。由于客观的矛盾包括不同的侧面，而认识主体又受各种条件的限制，因此处于不同地位的不同的人，在考察矛盾或问题时不可避免地会产生不同意见，从而引起争辩或展开讨论。意见分歧可能是多种多样的：有的是细微的非原则性分歧，有的是重大的观点上的对立；有的是各有所见各有所蔽，有的是一个正确一个错误，有的是两人都错误，有的是两人都正确（因彼此不了解而发生争论）……但不论哪种情况，对意见分歧都不必回避或存害怕心理。只要我们有实事求是的精神，不抱"自以为是"的主观主义态度，那末，正是通过不同意见的比较、不同观点的争辩，并在比较、争辩中进行逻辑的论证、实践的检验，人们才逐步弄清所争论的问题的性质，达到明辨是非，找到解决问题的办法。

具体的现实事物本来是矛盾发展的，各方面有机联系着。人们从经验抽象出一个个概念，用它们来摹写和规范现实，作出一个个判断，这样的认识总难免有片面性。但是通过不同意见、不同观点的争论，人们就有可能克服这种片面性、抽象性，获得对问题的比较全面的认识，也就是比较具体地把握了现实事物的矛盾发展及其各方面的有机联系，于是即以现实之道还治现实之身，问题在实践中获得了合理解决，达到了认识和实践、主观和客观的统一。从每门科学的发展过程来说，开始总要经历从具体到抽象的阶段：从混沌的直观的具体分解出一个个抽象的规定，以求确定某一类事物的质，发现某一因果律，建立某一定理。这些都是重要的，但这样的"真"难免抽象性，以之为根据而形成某种学说，难免要导致形而上学。但是经过不同学说、不同观点的争论，达到一定阶段，科学就又会从抽象再上升到具体（辩证法的具体）。这时从一个新的高度对各种学说进行了批判的总结，科学的范畴和规律就有机地联系起来，发展成为系统的理论，并使这一科学领域达到理论和实践、主观和客观的具体的历史的统一。这便是一定条件下、一定层次上的具体真理。

具体真理以具体概念为思维形式。金先生在写《知识论》时，强调由感觉到概念是由具体到抽象的飞跃，而不承认有辩证法所说的"具体概念"。但是把"以得自所与的概念还治所与"视为交互作用的运动，我们便必然会引申出：人类的认识是一个由具体到抽象、又由抽象再上升到具体（辩证法的具体）的发展过程。

"以得自现实之道还治现实"作为科学的认识方法

我们在上面举了儿童掌握"果实"概念的例子。不妨说，当儿童运用植物学上的"果实"概念来摹写和规范现实，以之作为尺度、标准来把果实和非果实区别开来，这个"果实"概念作为还治现实的工具，已潜在地包含着方法论的原理。

金先生在《知识论》中说："所谓科学方法即以自然律去接受自然，或以自然律为手段或工具去研究自然。""科学方法，或者说自然科学的方法，不仅是以发现自然律为目标，而且是以引用自然律为手段。……所谓利用自然律以为手段，就是引用在试验观察中所用的方法底背后的理，以为手段或工具。"① 就是说，在观察、实验中运用自然规律作为接受方式，即以自然过程之"理"还治自然过程之身，科学理论便成了工具或方法。当然，观察、实验也需要物质的工具，如运用望远镜或显微镜观察、运用寒暑表量温度等。但这些物质手段的运用也要根据自然规律。用寒暑表量温度，主要根据水银因温度的高低而涨缩的规律。一切科学的度量方法，"总得遵守单位或工具（如寒暑表及其刻度）与对象（如温度）二者之间底理"②。所以，这也仍然是以得自自然过程之"理"还治自然过程。

方法是人们认识自然、研究自然的最基本的工具。人类的认识活动是有意识、有目的的活动，它以发现自然律为目标，又以引用自然律为研究工具，所以方法和自然规律是同一的，而并非人类外加于自然过程的干预或强制。黑格尔在谈到"理性的机巧"时说："这种理性的活动一方面让事物按照它们自己的本性，彼此互相影响，互相削弱，而它自己并不直接干预其过程，但同时却正好实现了它自己的目的。"③ 理性以得自自然过程之道还治自然过程，好比大禹行水，"行其所无事"

---

① 金岳霖：《知识论》，第 558 页。
② 金岳霖：《知识论》，第 762 页。
③ 黑格尔著，贺麟译：《小逻辑》，北京：商务印书馆，1980年第二版，第394页。

而并不强加干预，却正好实现了人类寻求真理、发现自然律的目的。这就是科学地认识世界的途径。

每一门科学的基本概念（范畴）和规律，在各自的领域内都具有方法论的意义。例如门捷列夫发现了元素周期律，便根据它来预测尚未发现的三种新元素，可见元素周期律在化学、物理学领域中具有方法论意义。在元素周期律指引下，科学家陆续发现了更多的元素，元素之间的内在联系和相互转化越来越深刻地被揭露出来了，于是建立了原子结构理论，用核电荷的递增来说明元素性质的周期性变化，这种理论比之最初的元素周期律来是丰富和提高得多了。所以，如果我们作动态的考察，便会看到，科学理论转化为方法，方法又转过来促进理论；理论和方法的同一不是静止的同一，而是二者交互作用的辩证发展过程。

各门具体科学各有其特殊的理论和方法，然而异中有同，特殊之中存在着普遍。贯穿于各门具体科学之中，有共同的最一般的理论和方法，那就属于哲学和逻辑学研究的领域。"以得自现实之道还治现实"作为一般方法论，就是认识主体正确地运用概念、范畴等反映形式于自然过程。正确地运用概念、范畴等思维形式，就是思维遵守逻辑而活动。

有两种逻辑，即形式逻辑和辩证逻辑。人们通过概念、判断、推理等思维形式来把握世界，概念必须与对象相对应。正是这种一一对应的关系，表明思维遵守同一律，思维形式有它的相对静止状态。对这种相对静止状态，我们撇开其具体内容来考察思维形式的结构，这就有形式逻辑的科学。而为要把握现实的变化和发展，把握具体真理，思维在遵循形式逻辑的同时，概念还必须是对立统一的、灵活的、能动的。我们密切结合认识的辩证法和现实的辩证法来考察概念的辩证运动，于是就有辩证逻辑（即作为逻辑的辩证法）的科学。

虽然形式逻辑对具体事实毫无表示，但正如金先生所说："逻辑命题是摹状和规律的基本原则"，"是意念之所必须遵守的基本条件"。① 就是说，任何概念及概念结构，必须遵守形式逻辑，才能对现实起摹写和规范的作用。人们交流思想，进行论证和驳斥，用数学方法进行推导，建立科学的系统等，都不能离开形式逻辑。人们在运用科学的认识方法、即以现实之道还治现实之身时，总是同时运用了形式逻辑。所以遵守形式逻辑是一般的方法论原则。

至于辩证逻辑，它本身是哲学的一部分。哲学的根本问题是思维和存在的关系问题。这个问题展开为黑格尔所谓"哲学的三项"，即逻辑理念、自然界和精神。对此，列宁从唯物主义观点作了解释，说："在这里**的确**客观上是**三项**：（1）自然界；（2）人的认识＝人脑（就是同一个自然界的最高产物）；（3）自然界在人的认识中的反映形式，这种形式就是概念、规律、范畴等等。"② 因此，辩证唯物主义世界观是客观过程的辩证法、认识论和逻辑三者的统一。此所谓逻辑，即概念的辩证法，而概念的辩证法就是现实世界的辩证法的反映和人类认

---

① 金岳霖：《知识论》，第 449 页。
② 列宁：《黑格尔〈逻辑学〉一书摘要》，《列宁全集》第 55 卷，北京：人民出版社，1990 年，第 153 页。

识世界过程的历史总结。世界观和方法论是统一的。唯物辩证法作为方法论，无非就是运用对立统一规律来解决主观与客观的矛盾。对立统一规律是现实世界最一般的规律，也是辩证思维的根本规律。主观与客观的矛盾运动也就是以得自现实之道还治现实的认识过程；这认识过程本身也是一个自然过程，它被历史地总结在辩证思维的范畴中。所以思维运用辩证逻辑的规律与范畴，其实就是以客观现实和认识过程的辩证法还治客观现实和认识过程之身。对立统一规律的运用表现为分析与综合结合，认识过程辩证法的运用表现为理论与实践统一。——这两条，就是辩证方法的基本要求。

金先生在《知识论》中只承认形式逻辑不承认辩证逻辑，但他的《客观事物的确实性和形式逻辑的头三条基本思维规律》一文①，则明确地肯定有两种逻辑。他说辩证逻辑主要解决一个大矛盾，即"客观事物的不断运动变化发展和思维认识的僵化，客观事物的普遍联系和思维认识的孤立化，客观事物的整体性和思维认识的零碎化等的矛盾"② 这个论点，我认为是正确的。

"以得自现实之道还治现实"作为实现理想的活动

金先生在《论道·绪论》中说："中国思想中最崇高的概

---

① 该文发表在《哲学研究》1962 年第 3 期。

② 金岳霖：《客观事物的确实性和形式逻辑的头三条基本思维规律》，《金岳霖全集》第 4 卷，北京：人民出版社，2013 年，第 529 页。

念似乎是道。所谓行道、修道、得道，都是以道为最终的目标。思想与情感两方面的最基本的原动力似乎也是道。"①这是他的书之所以命名为《论道》的理由。而这个作为"最崇高的概念"和"最基本的原动力"的道，当然不同于通常的概念，也决非光溜溜的自然律，而是能激发人们的情感、鼓舞人们为之奋斗的最高原理和理想目标。但金先生以为认识论无需讨论理想，理想是形而上学的题材。他在《论道》中把"至真、至善、至美、至如"的理想称为"太极"，"无极而太极是为道"是他这本书的最后一个命题。他认为无极是万物之所从生的混沌，太极是老达不到的极限，无极而太极就是宇宙洪流或自然演化的方向，整个现实历程就在"无极而太极"的"而"字上。这当然是形而上学的虚构。但是如果我们剥去其虚构成分，把它所涉及的理想和现实的关系问题从形而上学的天国拉回到人世间来，那么"以得自现实之道还治现实"这个认识论命题，便可以被理解为：从现实生活中吸取理想而又促使理想化为现实。这是又一层引申的意思。

专从人生的领域而论，上面讲的"哲学的三项"便成了现实生活、理想和人格。当然，人类的生活也是自然过程或现实世界的一部分，理想也是概念，人格也是精神。但是它们都有其不容忽视的特点。

人类的现实的社会生活在本质上是实践的，而最基本的社

---

① 金岳霖：《论道》，《金岳霖全集》第 2 卷，北京：人民出版社，2013 年，第 20 页。

会实践就是劳动生产。马克思以为人的劳动有一个不同于其他动物的活动的根本特点，那就是："劳动过程结束时得到的结果，在这个过程开始时就已经在劳动者的表象中存在着，即已经观念地存在着。"① 不妨说，相对于劳动过程来说，劳动者的表象具有理想的形态，而劳动就是使理想形态的观念得以实现的活动。如果我们对劳动者的表象（例如建筑住房的设计）作一点分析，就可以看到理想所包含的基本要素：第一，它来源于现实，反映了现实的可能性（只要条件具备，住房可能按照规律建成，这种现实的可能性是建筑设计的客观根据）。第二，它反映了人的要求、目的，符合人的利益（住房设计要合乎人们居住的需要）。第三，劳动者（建筑师）运用想象力把这种体现了人的要求的可能性形象地构思出来，成为一个蓝图（这就是住房建筑的设计方案）。这些要素综合在一起，就使观念取得了理想形态，指导着现实的劳动过程。一切真实的理想不同于凭主观虚构出来的空想，就在于它以现实的可能性和人类的合理要求为内容，并被圆满而周到地构想出来，因而能激发人们的热情，成为推动人们前进的动力。

需要说明一下：我这里用理想一词是广义的，把建筑师的设计、人类改造自然的蓝图、社会理想、道德理想、审美理想以及哲学家所说的理想人格等都包括在内。如果说，人类从事

---

① 马克思：《资本论》第 1 卷，《马克思恩格斯全集》第 23 卷，北京：人民出版社，1971 年，第 202 页。

劳动生产和物质文明的建设都可说是实现理想的活动，那么，在物质生产基础上进行精神文明的建设，那便更显然是从现实汲取理想而又促进理想化为现实的过程了。人类的精神活动有多种方式，理论思维、道德实践和审美活动是三种最主要的方式（我们暂且把宗教信仰这种对世界的虚幻的反映方式撇开），它们各自以汲取和实现真、善、美的理想为其特征，分别地创造真、善、美的价值，而又不可分割地互相联系着，因为它们无非是统一的精神活动及其成果的不同侧面。人类建设精神文明的远大目标，就在达到真善美统一的理想境界和造就真善美统一的理想人格。

理想的实现意味着人的自由。什么叫作自由？从认识论上说，自由是对必然的认识以及根据这种认识改造世界，也就是真理性的认识作为科学理想而得到实现；从伦理学上说，自由是人们自觉自愿地在行为中遵循"当然之则"（道德规范），也就是体现了进步人类道德理想的规范或准则，在人们的社会行为和伦理关系中得到实现；从美学上说，自由就如马克思说的在"人化的自然"中直观人自身，也就是人的本质力量在人化的自然或艺术品中对象化了、形象化了，于是审美理想在灌注了人的感情的生动形象中得到实现。这是我们从辩证唯物主义观点出发给自由下的几个定义。在不同的领域，自由有不同的意义，并且自由作为一定理想的实现，都是历史地有条件的。

人们在改造世界中改造自己，以求造就自由的人格。马克思说："艺术对象创造出懂得艺术和能够欣赏美的大众，——任何其他产品也都是这样。因此，生产不仅为主体生产对象，而且也为对象生产主体。"① 物质生产和精神生产，都是自然界和人、对象和主体的交互作用的过程。通过劳动生产，自然界改变了面貌，由自在之物化为为我之物，人的本质力量也对象化，这便是主体生产对象；而转过来，正是在创造物质财富和精神财富的过程中，凭着人化的自然，促进人的本质力量的发展，这便是对象生产主体。音乐培养了欣赏音乐的耳朵，建筑、雕塑、绘画培养了欣赏造型美的眼睛，科学技术的成就培养了人们的理论思维能力，合理的劳动组织、教学秩序，培养了人们的自觉纪律，等等。总之，精神主体所具有的一切能力、德性，固然也有其自然的禀赋为前提，但主要是在实践和教育中锻炼、培养出来的，是凭着相应的对象（为我之物）而形成和发展起来的。人类在化自在之物为为我之物的过程中发展科学、道德和艺术，同时也培养了以真善美为理想的人格。人们不仅按理想来改变现实，也按理想来改造自己，取得越来越多的自由。人格既是承担理想的主体，也是实现理想的结果。

但自由和理想都是时代的产物，都是历史地有条件的。中国过去许多哲学家以为理想社会是尧舜三代或更古的原始社会，而理想的自由人格则是圣人、真人，他们以"无我""无欲"为其特征。进入近代，人们改变了这种观念，认识到人类社会是进化的，理想社会不是在远古而是在未来，理想人格不是道貌岸然的圣人，

---

① 马克思：《〈政治经济学批判〉导言》，《马克思恩格斯选集》第2卷，北京：人民出版社，1995年，第10页。这里保留了冯契引用的1972年版《马克思恩格斯选集》第2卷第95页的引文。新版将"能够欣赏美"改译为"具有审美能力"。——《冯契文集》增订版编者

而是平民化的要求个性解放的独立人格。后来马克思主义传入中国，与中国革命实践相结合，中国人的社会理想才真正建立在科学的基础上。我们的理想目标是要在中国的土地上逐步实现共产主义，培养一代又一代的新人，以求建立"每个人的自由发展是一切人的自由发展的条件"① 的新社会。自"五四"以来，在为共产主义事业而奋斗的过程中，已经产生了许多杰出的无产阶级革命家、为祖国为人民的事业贡献了毕生精力的战士和劳动者，他们就是在一定历史条件下的共产主义理想的化身。

中国近代的思想家们为要回答"中国向何处去"这个十分迫切的时代中心问题，便力求认识现实，从中提取理想，为中国指明前途，动员人们为之而奋斗。于是哲学便经历了用进化论反对复古主义，并进而发展到马克思主义哲学的过程。这是中国近代哲学的主流，它正好体现了"以得自现实之道还治现实"的实现理想的活动。

不过在"五四"以后，还出现了一批专业哲学家，他们对中国哲学的近代化也作出了贡献。这种贡献就是金先生在《中国哲学》② 一文中所说的："由于表达工具有了改进，思路是以分明的技术发达了"，从而"使哲学比以前更能接受积累"。③ 但

① 马克思、恩格斯：《共产党宣言》，《马克思恩格斯文集》第 2 卷，北京：人民出版社，2009 年，第 53 页。
② 金岳霖：《中国哲学》，写于 1943 年，原文为英文，发表在《中国社会科学》英文版 1980 年创刊号；中译文发表在《哲学研究》1985 年第 9 期。（参见《金岳霖全集》第 5 卷，第 461—481 页；第 6 卷，第 375—389 页。——《冯契文集》增订版编者）
③ 金岳霖：《中国哲学》，《金岳霖全集》第 6 卷，北京：人民出版社，2013 年，第 387 页。

是这种专业哲学家也有其局限，因为他们"推理、论证，却并不传道"，他们懂得哲学，却并不身体力行，这样便使哲学脱离了人生，远离了现实，失去了理想的光辉。金先生是中国近代最有成就的专业哲学家之一，不过他当时的心情是矛盾的，他慨叹苏格拉底式的人物（即身体力行、热心传道的哲学家）一去不复返，使世界失去了绚丽的色彩。他那时不了解，真正的共产主义者是比苏格拉底更为苏格拉底式的人物。在解放后，金先生比较快地接受了马克思主义，成为共产党员，也成为热心"传道"（传马克思主义之道）的人物了。他以他的行动表明：在热爱科学的专业哲学家和马克思主义者之间并无鸿沟；而毋宁说，哲学的发展正要求两者的结合。哲学不能是冷冰冰的概念结构，它要给人理想、信念，激发人们的热情，鼓舞人们为之而奋斗，所以哲学家应该是苏格拉底式的人物。但是哲学也要不断改进表达工具，不断丰富自己的积累。要对哲学命题作精深的分析和严密的论证，并使哲学与科学和其他文化部门保持巩固的联系，这是需要有一批人专职从事的。虽专职从事，但是不要忘了"传道"，不要脱离人生；虽热心"传道"，但也不要流于简单的说教，而要用清晰的概念作严密论证，不断用新的科学成就来丰富和发展马克思主义哲学。

三

《罗素哲学》跋[*]

* 参见冯契:《智慧的探索》,第271—
274 页。金岳霖:《罗素哲学》,上
海:上海人民出版社,1988 年。这
篇"跋"先发表于《哲学研究》
1988 年第 7 期。——编者

20 世纪 60 年代初，我每次到北京去看望金龙荪（岳霖）师时，他总是告诉我：在写《罗素哲学》一书。但我一直没有机会读他的手稿。去年年初，周礼全同志把金先生这部遗著的誊写稿转到我手里来了。我便叫人打印了若干份，在华东师大哲学研究所的青年教师和博士生讨论班上共同学习和讨论了几次。参加者都觉得很受教益。我们把这部遗著稍作整理之后，交上海人民出版社公开出版。

这部书是金先生在解放后（即在他转变为马克思主义者之后）最主要的著作。它是中国当代的一位杰出哲学家对西方当代的一位杰出哲学家的评论，这种评论是作者多年探索和思考的结晶，是精深而富于智慧的，因而如果人们要求了解和研究罗素哲学、了解和研究金岳霖哲学，都可以从中吸取营养，得到启发。

金先生自己曾多次说过，罗素对他的影响很大。他在《逻辑》一书中系统地介绍了罗素的数理逻辑，在哲学上他也曾表示赞赏罗素的新实在论。但从《论道》到《知识论》，金先生已把罗素哲学远远抛在后面了。《知识论》批评了罗素的"唯主方式"（即以"主观的或此时此地的感觉现象"为知识论的出发点的方式），而《罗素哲学》则进一步抓住了罗素哲学的"中心骨架"进行了比较全面的评析。罗素一生哲学著作很多，他的哲学思想很复杂，前后有许多变化，使人感到眼花缭乱，难以理出个头绪来。但金先生这本书却把罗素哲学的"要领"，即最本质的东西，清清楚楚地揭示出来了。罗素同贝克莱、休谟和许多实证论者一样，以为感觉为人们认识划定了界限，越出这界限是非法的，所以经验不能在意识和外界对象之间建立任何直接的联系。不过罗素又有其独特之处：他企图以感觉材料为基本材料，运用形式逻辑的工具，来建立一个认识论的演绎系统。但是，当罗素这样做的时候，他实际上是对形式逻辑的工具作了歪曲，变成形而上学的方法了。他先试图从对感觉材料的直接认识，演绎地推论出对客观事物的间接知识。碰了壁，于是改变办法，用"逻辑构造"来代替推论。凭借他的形而上学的"构造论"，他从感觉材料（后来叫作"事素"）构造出物质和事物、心灵和"我"。这就是所谓"中立一元论"的体系。金先生细致地解剖了这个体系，揭露了它的主观唯心主义的实质，也指出了罗素的失败的尝试中包含有重要的理论思维的教训。

从金先生本人的哲学思想的发展来说，《罗素哲学》一书的重要性就更为明显了。它从辩证唯物主义的观点考察了认识论和逻辑学中的某些带根本性的问题，提出了创造性的见解，标志着金先生晚年的哲学思想经历了一次飞跃而达到了新的高度。例如关于感觉的学说，《知识论》虽已突破了实证论所设置的障碍，肯定感觉能给予客观实在，但金先生当时还没有马克思主义的实践观点，还不懂得对象的实在感首先是由实践提供的。《罗素哲学》则把社会实践观点作为认识论的基石，肯定感觉与实践不能分离，而实践就是社会的人与客观事物打交道；历史地考察，正确的感觉映象已包含有实践的检验和科学认识的影响在内。所以，感觉能给予客观实在，感觉映象以客观事物为"蓝本因"，正是社会实践和科学史所反复证实了的。

显然,《罗素哲学》第五章所阐发的感觉论,比之《知识论》来是大大前进了。当然,《知识论》中提出的"所与是客观的呈现"的论点并没有被否定,"耳得之而为声,目遇之而成色"的命题得到新的论证。但金先生对《论道》中的不能以名言传达的"能"却作了自我批评(见《罗素哲学》第六章),因为引进了实践观点,以"能"即物质实体属于非名言世界的不可知论倾向就被克服了。

再如在形式逻辑的理论方面,罗素由于受维特根斯坦的影响,从客观唯心论的先验论转变为主观唯心论的约定论。金先生虽也吸取了维特根斯坦的成就,肯定逻辑命题都具有重言式的结构,但他始终拒绝约定论,而认为逻辑有其客观的根据,这就是《论道》中的"式"。当然这也仍然是先验论的观点。但《罗素哲学》则根本否定了先验论,对概念的定义、命题的结构、摹状词、类、逻辑构造等,都从唯物主义观点作了解释。那么,形式逻辑的基本思维规律(同一律、排中律、矛盾律)的客观基础是什么?金先生提出了一个新论点:"它们是最直接地反映客观事物的确实性只有一个,这样一条相当根本的客观规律的。"① 关于这一问题,金先生另有一篇文章:《客观事物的确实性和形式逻辑的头三条基本思维规律》②,读者可以参看。这是饶有兴味而需要研究再研究的重要问题,金先

---

① 金岳霖:《罗素哲学》,《金岳霖全集》第 4 卷,北京:人民出版社,2013 年,第 84 页。

② 该文原先发表在《哲学研究》1962 年第 3 期,参见《金岳霖全集》第 4 卷,第 529—553 页。

生的这一论点也可以继续讨论。重要的是：他在抛弃了先验论的"式"之后，沿着辩证唯物主义的道路把逻辑基本理论向前推进了。

不过金先生这部书也受到写作时的客观条件的限制和"左"的思潮的影响，这点，周礼全同志在《序》中已指出了。我们在整理这部稿子时，曾对第一章作了一些删节，其他各章也有个别字句作了订正（其中有些是誊写者写错了的字）。这些，我们都是估计到：如果金先生健在，他也一定会同意的。至于实质性的内容，我们没有权利作任何修改。

参加书稿整理工作的有陈卫平、童世骏、李福安、胡伟希等同志，他们除分别作了某些文字加工之外，还核对了书中所引资料，加了若干注释，并编写了《金岳霖主要哲学论著年表》《罗素小传》《罗素主要著作年表》以及《名词索引》作为本书附录，以便读者参考、查阅。

上海人民出版社积极支持出版金先生这部遗著，对此，我们十分感谢！

四

金岳霖：以经验之所得
还治经验[*]

* 参见冯契：《中国近代哲学的革命
进程》，《冯契文集》（增订版）第
7 卷，上海：华东师范大学出版
社，2016 年，第四章第五节"金
岳霖：'以经验之所得还治经
验'——在实在论基础上的感性
与理性、事与理的统一"，第
509—538 页。——编者

在当时的专业哲学家中，最值得注意的是金岳霖。他的"实在论"颇有唯物主义倾向，他在认识论和逻辑理论上有独特贡献。

金岳霖（1895—1984）字龙荪，湖南长沙人。是个一贯热爱祖国和崇尚民主的学者。1914年毕业于清华学堂，赴美国留学，获博士学位。回国后，主要从事哲学和逻辑学的教学和研究，历任清华大学、西南联合大学等校教授。他早年曾研究政治思想史，后来专业从事哲学研究，他以为由于近代劳动分工，政治家和政治理论家已难得兼而为之，更不用说哲学家了。他本来是个自由主义者①，然而他怀着强烈的爱国热情献身于哲学事业，使他越来越倾向进步势力。解放后，他比较快地接受了马克思主义，1956年成为共产党员。他的著作主要有《知识论》《论道》和《逻辑》等。② 本书所说，限于他在50年代以前的哲学思想。

（一）对中西哲学的比较会通

金岳霖在《中国哲学》一文中对中西哲学传统作了比较，

---

① 参见"On Political Thought"，以英文形式发表于1939年10月出版的 *Tien Hsia Monthly*（《天下月刊》9卷3期）。

② 《知识论》完成于1948年，1983年由商务印书馆出版，2011年由商务印书馆重印。《论道》于1940年由商务印书馆出版，1985年重印，2010年由中国人民大学出版社再次印刷出版。《逻辑》于1935年清华大学出版部出版，三联书店在1961年和1982年重印，2011年由中国人民大学出版社再次出版。2013年人民出版社出版《金岳霖全集》，共六卷，全书收入了金岳霖大部分著述和翻译。——增订版编者

认为西方从希腊人以来便有了比较发达的逻辑和认识论意识，而中国思想家的这种意识则不发达，无意于把观念安排成严密的系统。这是中国哲学的一个弱点，是近代科学在中国不发达的一部分原因。但是，这同时也造成了中国哲学的一个优点，即非常简洁，观念富有暗示性。金岳霖还说：在中国传统中，哲学和伦理不可分，哲学家和他的哲学合一，"中国哲学家都是不同程度的苏格拉底式人物"①，而在现代西方，"苏格拉底式的人物已经一去不复返"② 了。

金岳霖的这些观点，别人也讲到过，是否确切也是可以讨论的。但重要的是他这些关于哲学上的"古今中西"之争的见解，贯彻在他本人的哲学活动中。他从爱国主义出发，感到中国急需发展科学，所以必须使逻辑和认识论意识发达起来。为此，他系统地把西方的形式逻辑，特别是罗素的数理逻辑介绍到中国来，并对西方近现代的认识论（主要是休谟、康德到罗素的传统）作了深入研究。他说，罗素的书使他想到：

> 哲理之为哲理不一定要靠大题目，就是日常生活中所常用的概念也可以有很精深的分析，而此精深的分析也就是哲学。③

---

① 金岳霖：《中国哲学》，第 388 页。
② 金岳霖：《中国哲学》，第 386 页。
③ 金岳霖：《论道》，第 6 页。

此所谓分析即逻辑分析方法。金岳霖认为正是由于有了这种方法，"表达工具有了改进，思路得以分明的技术发达了"，从而"使哲学比以前更能接受积累"①。冯友兰曾说："西方哲学对中国哲学的永久性贡献，是逻辑分析方法。"② 这话从某种意义说是对的。经过从严复到金岳霖、冯友兰等人的努力，中国人向西方学习了形式逻辑的工具，使哲学概念变得明晰起来了。金岳霖的《论道》和《知识论》，把概念编织成为秩序井然的系统，提出命题都是经过严密论证的。这正是哲学近代化的一个标志。

不过，金岳霖当时的心情是矛盾的，他感到近代专业哲学家由于过分重视技术性问题，而使哲学脱离了人生，远离了现实，失去了理想的光辉。他说他们"推论、论证，但是并不传道"，"懂哲学，却不用哲学"③。他慨叹苏格拉底式的人物（即身体力行，热心传道的哲学家）一去不复返，使世界失去了绚丽的色彩。他在理智上重视逻辑分析，而在情感上十分留恋着中国哲学的传统。他这种情感与理智的矛盾，有点类似王国维所谓"可爱"与"可信"的矛盾。怎样来解决这个矛盾呢？金岳霖区分了"知识论的态度"和"元学的态度"。他在《论道·绪论》中写道：

---

① 金岳霖：《中国哲学》，第387页。
② 冯友兰：《中国哲学简史》，《三松堂全集》第6卷，郑州：河南人民出版社，2001年，第277页。
③ 金岳霖：《中国哲学》，第387页。

研究知识论我可以站在知识底对象范围之外，我可以暂时忘记我是人，凡问题之直接牵扯到人者我可以用冷静的态度去研究它，片面地忘记我是人适所以冷静我底态度。研究元学则不然，我虽可以忘记我是人，而我不能忘记"天地与我并生，万物与我为一"，我不仅在研究底对象上求理智的了解，而且在研究底结果上求情感的满足。虽然从理智方面说我这里所谓道，我可以另立名目，而另立名目之后，这本书底思想不受影响；而从感情方面说，另立名目之后，此新名目之所谓也许就不能动我底心，怡我底情，养我底性。知识论底裁判者是理智，而元学底裁判者是整个的人。①

金岳霖以为名言既包含有"意义"，也蕴藏着"意味"。从求理智的了解来说，要求名词所表示的概念有明确的意义，所以要用逻辑分析方法，冷静地加以研究，客观地加以规定。而从求情感的满足来说，则又需利用名言中所蕴藏着的意味，而这是和民族传统分不开的。金岳霖以为，"道"是中国传统思想中"最崇高的概念，最基本的原动力"。因此他把他的元学著作叫作《论道》，并且还引进了"无极、太极、几、数、理、势、情、性、体、用"② 等名词，这都是为了使他的著作与中国传统相衔接，使哲学不只是理论的思辨，还能给人以行动的动力

---

① 金岳霖：《论道》，第21页。
② 金岳霖：《论道》，第21页。

和情感的满足。

金岳霖区分"知识论的态度"和"元学的态度"不见得完全正确，因为理智并非"干燥的光"，认识论也不能离开"整个的人"，它也要给人理想，研究理想人格的培养问题。

金岳霖不仅是在天道观上复活了"理气"之辩，接上了中国传统；而且他在认识论上的重要贡献——在实在论的基础上阐明感性与理性、事与理的统一，也正是中国哲学的认识论传统发展的结果。因为从孔、墨、荀子到王夫之、戴震等中国古代认识论的主流，正是主张感性与理性、事与理的统一的。金岳霖在天道观和认识论两个领域都做了会通中西哲学的工作。

（二）所与是客观的呈现

金岳霖说：《知识论》一书的"主旨是以经验之所得还治经验"①。这一主旨是建立在肯定感觉能给予客观实在的基础上的。

感觉能否给予客观实在？这是哲学史上争论了几千年的老问题。在西方近代，这问题更突出了。从贝克莱、休谟、康德到罗素以及现代实证论各流派，都以"主观的或此时此地的感觉现象"作为认识论的出发点，断言感觉不能给予客观实在。这种"出发方式"被金岳霖称为"唯主方式"（即主观唯心主义），他花了很大的篇幅对此进行评论，指出：这种唯主方式

---

① 金岳霖：《知识论》，第 756 页。

有两大缺点：一是"得不到真正的共同的客观和真假"，必然导致否认客观真理；二是从主观经验无法"推论"或"建立"外物之有，必然导致否认独立存在的外物。金岳霖认为：

> "有外物"这一命题和"有官觉"这一命题至少同样地给我们以真实感。这两命题都是知识论所需要的。①

就是说，作为认识论的出发点不仅要肯定有感觉经验，而且要把"有感觉"和"有外物"两个命题统一起来，肯定感觉能给予客观实在。

金岳霖的《知识论》否定了"唯主方式"，主张从常识即从朴素的实在主义出发，肯定经验能获得"对象的实在感"，以之作为前提。他所谓"对象的实在感"是什么呢？

首先，"被知的不随知识底存在而存在"②。就是说，被知的对象的存在是独立于知识和知识者的，而并不是由于人知道它了才存在。存在和知道存在是两码事。当我们不知觉到某物存在的时候，我们不能作"某物存在"的判断，但某物的存在既不依赖于我们的知觉，也不依赖于我们的判断；无论我看到它还是不看到它，认识它还是不认识它，都不影响它的存在。

其次，"对象底性质不是官觉者所创造的"③。在他看来，颜色、声音等等性质在关系之中，是相对于某一类的感官的。

---

① 金岳霖：《知识论》，第 86 页。
② 金岳霖：《知识论》，第 112 页。
③ 金岳霖：《知识论》，第 117 页。

例如，当对象发出波长 760 毫微米的光波，有某种正常眼睛构造的感觉者（如并非色盲的人）与之接触，这样发生了一种关系，对象就呈现出红颜色来。但红颜色就是那 760 毫微米的光波，红的性质虽在关系之中，却并不是感觉者所创造的。"它不是凭知识者底意志心思所能左右、修改、产生等的。"① 所以对象的性质是客观的、独立的。

第三，被知的对象"各有其自身的绵延的同一性"②。这也不是人的知识所创造的。比如说，一个人去买一张画，如果买回来的那张画，不是与原来看到的那张同一的，即那张画没有自身绵延的同一性，他就决不会买这张画。当然，如果买画的人得不到画的存在和性质的独立感，他也不会买这张画。

金岳霖分析对象的实在感包括三点要求或三个条件：对象的存在是不依赖于人的认识的；对象的性质虽在关系网中，却独立于人的意识；对象具有自身绵延的同一性，亦即在一定时间内具有相对稳定状态。他认为这种对象的实在感是认识论首先必须肯定的前提，而不能从感觉经验去建立或推论对象的实在。如果一个朋友只是由我的感觉内容去建立或推论出来的"他人"，这个朋友对我就缺乏实在感了。我认定他是我的朋友，就首先肯定他是实在的，离开我的意识而独立存在的。所以他说：

---

① 金岳霖：《知识论》，第 118 页。
② 金岳霖：《知识论》，第 118 页。

> 在实在主义底立场上，"有独立存在的外物"是一无可怀疑的命题。①

这种实在主义立场已突破了一般的实证论的界限，具有明显的唯物主义的倾向。

正是由此出发，《知识论》提出了"所与是客观的呈现"的理论。"所与"（Given）即感觉所给予的形色、声音等，它是客观事物在人们正常感觉活动中的呈现，是知识的最基本的材料。金岳霖说：

> 我们称正觉底呈现为"所与"以别于其它官能活动底呈现。所与就是外物或外物底一部分。所与有两方面的位置，它是内容，同时也是对象；就内容说，它是呈现，就对象说，它是具有对象性的外物或外物底一部分。内容和对象在正觉底所与上合一。②

这里他用"正觉"这个词是指正常的感觉。在正常的感觉活动中，人们看到的形色、听到的声音，既是见闻的内容，又是见闻的对象，既是呈现，又是外物。所以在正常感觉中，"所与是客观的呈现"。

关于呈现（感觉内容）和外物（感觉对象）的关系，旧唯

---

① 金岳霖：《知识论》，第 134 页。
② 金岳霖：《知识论》，第 147 页。

物主义者通常用"因果说"与"代表说"来解释，并以为原因（外物）与结果（呈现）、代表（呈现）与被代表者（外物）是两个项目或两个个体。这种学说遭到了贝克莱、休谟等人的诘难：既然呈现与外物是两个项目，而一个在意识中，一个在意识外，那么，你怎么能证明感觉是由外界对象引起而不是由别的原因引起的呢？或者，你怎么能证明颜色、声音这些观念作为外物的"摹本"是和那"原本"相似的呢？这样的问题应当由经验来解决，而经验对此却沉默着，而且不得不沉默着。因为，凡是意识中的东西都来自感觉，而感觉到的东西到底是不是意识外（即感觉外）的对象所引起，并与之相符合，经验无法回答。贝克莱、休谟等人为唯物主义设置了一个障碍：既然人的认识不能超越经验的范围，感觉便为人的认识划定了界限，越出这界限是非法的，所以经验不能在意识和对象之间建立任何直接的联系。从贝克莱、休谟到现代实证论，一直用这种划界的办法向唯物主义提出种种诘难。

金岳霖关于"所与是客观的呈现"的理论，肯定"内容和对象在正觉的所与上合一"，克服了旧唯物主义者以呈现（内容）与外物（对象）为两个项目的理论上的困难，冲破了实证论所设置的障碍，在认识论上是一个重要贡献。按照金岳霖这一理论，感觉不是把主体与客体分隔开来的墙壁（如实证论者所说）；相反，正是通过感觉，外物即对象不断地转化为经验的内容。所以感觉是沟通主客观的桥梁。按他的见解，所与是外物的一部分，不过是相对于感觉类或官能类的外物，颜色、声音等外界现象都处于与官能类相对的关系中。可以把人类视为一官能类。就个体来说，各个人的官能及感觉活动的条件都有差异；但就作为官能类的人类来说，那么在正常官能及正常的感觉活动的条件下，外物的形色状态是客观的。这所谓"客观"不是"无观"，而是"类观"，即在这一类的眼界中。相对于正常官能的人类，"耳得之而为声，目遇之而成色"①，外物的形形色色是相对于人类公共的呈现，就叫作客观的呈现，即所与。所与虽在关系之中，其性质并非感觉者所创造，而是客观的，独立的。"任何知识，就材料说，直接或间接地根据于所与，就活动说，直接地或间接地根据于正觉。"② 肯定正常的感觉能提供客观的呈现，即所与，人类的知识大厦便有了坚实的基础。这正是唯物主义的态度。

当然，金岳霖曾声明"本知识论既不是唯心，也不是唯物的知识论"③，他当时自称为实在主义者。确实，《知识论》关于感觉的学说虽有唯物主义倾向，但不是彻底的唯物主义，还包含有一些烦琐哲学成分，因为当时金岳霖还没有马克思主义的实践观点，不懂得对象的实在感首先是由实践提供的。他没有把感性活动了解为实践，不懂得人是在变革现实的活动中感知外物的。不过，如果我们进一步把"所与是客观的呈现"的理论放在社会实践基础上加以阐发，那么，我们可以把唯物主义的感觉论推进一步。

----

① 　出自苏轼：《前赤壁赋》。
② 　金岳霖：《知识论》，第206—207页。
③ 　金岳霖：《知识论》，第22页。

（三）概念对所与的双重作用

在概念论上，金岳霖提出了概念对所与具有"摹状与规律"双重作用的学说。[①] 这一学说突出地表明了《知识论》一书的主旨。

金岳霖说："所谓知识就是以抽自所与的意念还治所与。"[②] 就是说，从所与抽象出概念，转过来又以概念还治所与，这便是知识。所与是具体的和特殊的，从所与获得的印象被保留下来，并由联想改造成意象，是类似具体的、特殊的，而意念或概念则是抽象的、普遍的。

所谓抽象作用，"一方面是执一以范多，另一方面执型以范实"[③]。假如一个乡下人从来没见过火车，你领他到火车站指点说："这是火车。"所指的当然是一辆具体的火车，但是告诉他"这是火车"，是要求乡下人把这辆火车看作一个典型，一个符号。"只要典型抓住，具体的表现底大小轻重长短等都不相干。"[④] 而乡下人回家之后，他要把他心中的"典型"传达给亲友，使用一串的语言（也就是用一串的意念）进行描

---

① 金岳霖对意念与概念、意念图案与概念结构作了区分，本书把这种区分忽略了。"摹状与规律"，大体相当英文的 description 和 prescription，金岳霖在《论道·绪论》中将此称作"形容和范畴"。我通常把概念的双重作用称为"摹写和规范"。

② 金岳霖：《知识论》，第 207 页。

③ 金岳霖：《知识论》，第 254 页。

④ 金岳霖：《知识论》，第 255 页。

述，并试图对火车下一定义以揭示其本质特征，如说"那是可以在两条铁轨上行驶的车子"之类。而下次他到别的地方去，见到那铁路上的车辆，不论是停着的、开动的、装货的、载客的，他都会说："那是火车。"这就是能够"以一范多""以型范实"了。乡下人最初抓住的"典型"，可能还是一个意象，但当他能够用语言来说明火车和给火车下定义并能正确地引用"火车"于新对象时，他就已有了"火车"的抽象意念。因为意象是类似具体的，如果停留在意象，他就不能"以一范多""以型范实"。金岳霖说：

> 原来所执的一（指典型）由意象跳到意念，抽象的程序才能算是达到主要点。这一跳是由类似具体的跳到完全抽象的。①

就是说，抽象作用包含有一个"跳跃"或"飞跃"，概念和意象有着质的差别。

金岳霖认为，抽象是人类用以收容和应付所与的最主要的工具。相对于所与，抽象概念有双重作用，这就是"摹状与规律"。

那么，什么是摹状？金岳霖说：

> 所谓摹状，是把所与之所呈现，符号化地安排于意念

---

① 金岳霖：《知识论》，第 255 页。

图案中，使此所呈现的得以保存或传达。①

他以为意念都是意念图案，具有互相关联的结构。比如说，指着当前一所与作判断说："那是一只狗。"就是用"狗"这个意念去安排所与之所呈现，而这就是把它安排在一个意念图案中了，因为当你说"那是一只狗"时，你引用的"狗"概念是和"家畜""动物""有四只脚""是长毛的"等相关联着的，实际上"狗"这个概念是个图案，是有结构的。概念都是有结构的，所以引用一概念于所与，就是把它安排在一个意念图案里面。而这种安排是"符号化地安排"，因为概念是抽象的符号，而非类似具体的意象。但正是这种"符号化地安排"能使所与得以保存和传达。所与被保存于意念中即成为一经验的事实，并被用命题陈述而得以传达。例如"那是一只狗"是一命题，可以用来陈述一事实，传达给别人。当我作"那是一只狗"的判断，陈述了一经验事实时，就是把"那"（所与之所呈现）安排在"狗"的意念图案之中，这就是用"狗"摹写了"那"。

什么是规律？他说：

所谓规律，是以意念上的安排，去等候或接受新的所与。②

---

① 金岳霖：《知识论》，第391页。
② 金岳霖：《知识论》，第400页。

"规律"（规范）的意思就是用概念去接受对象。意念作为接受方式，是抽象的，而被接受的所与是具体的，特殊的。用意念去规范现实，同引用法律的条文或某某章程的规则有相似之处。例如，法律上有"杀人者死"的条文，它没有规定人的行动，不能担保不发生杀人的事，它只规定一办法，如果有杀人的事发生，政府便以"处死"的办法去应付那杀人者。当然，这只是一个比喻，法律、章程等都包含社会的人的主观要求，它们规范人的行为，与意念之规范所与有很大不同。不过，同法律条文等相似，意念之规律（规范）"不是规定所与如何呈现，它所规定的，是我们如何接受"①。

　　摹状和规律是不能分的。金岳霖指出，引用概念（意念）于所与，总是既摹写又规范。从传达方面来说，如果不摹写而规范，别人就会觉得太抽象，不好懂，会叫你举个例子。举个例子，就是要你提供摹写成分。如果不规范而摹写，那么也不能表达清楚，因为只有真正能够运用某概念作为接受的方式，才是真正能用这概念去摹写。所以概念的双重作用是不可或缺的。金岳霖又说：

　　　　知识经验就是以所得还治所与。以得自所与的意念还治所与就有觉……如果意念引用得不错的时候，结果就是发现事实。事实是知识直接对象。②

———————————

① 金岳霖：《知识论》，第 402 页。
② 金岳霖：《知识论》，第 516 页。

他所谓"有觉"，就是指有意识，用得自所与的意念规范和摹写所与，即以所与之道还治所与之身，这从对象方面说，就是所与化为事实；而从主体来说，便是主体有意识，知觉到一事实。"事实是加上关系的原料而不是改变了性质的原料。"① 即是说，所与加上概念的既摹写又规范的关系，就化为事实，但摹写和规范无非是以得自所与者还治所与，所与并不因此而改变了性质。

金岳霖关于概念双重作用的理论，是他在深入地批判了休谟、康德之后得出的结论。他指出，休谟所说的"idea"是比较模糊的印象，实即意象。休谟的哲学"只让他承认意象不让他承认意念；意象是具体的，意念是抽象的；他既不能承认意念，在理论上他不能有抽象的思想，不承认抽象的思想，哲学问题是无法谈得通的"②。金岳霖对休谟的这个批评是中肯的，休谟的毛病确在于"出发点太窄（指唯主方式），工具太不够用（不承认抽象概念）"③。康德比休谟前进了一步，说"思维无内容是空的，直观无概念是盲的"，以为只有当感性和知性、直观和概念联合起来时才能产生知识。但是他把质料和形式归之于两个来源，未免把两者截然割裂开来。金岳霖也批评了康德的先验的唯心论。他用概念具有摹写和规范双重作用来说明知识经验就是以得自所与（经过抽象）来还治所与，便克服了休谟、康德的缺点，比较辩证地解决了感觉和概念的关系

---

① 金岳霖：《论道》，第9页。
② 金岳霖：《知识论》，第7页。
③ 金岳霖：《知识论》，第6页。

问题，这在认识论上也是个重要贡献。

不过，也需指出，《知识论》关于概念的学说还不是彻底的辩证法，因为金岳霖当时只承认"抽象概念"，而不承认辩证法所说的"具体概念"。他不承认科学可以而且应该把握具体真理，而认为具体（全体与个体）非名言所能表达，非抽象概念所能把握。他看不到科学的抽象是一个不断深化、不断扩展而趋于具体的辩证运动，科学由抽象上升到具体（辩证法的具体）的运动在他的视野之外。尽管如此，金岳霖提出的概念双重作用的理论，无疑是包含有真理的成分的。

（四）知识经验的必要条件：逻辑与归纳原则

按金岳霖的观点，相对于人类这个知识类而言，事实界就是同人类知识经验同样广大的领域。人们即以所与之道还治所与之身，不断地化所与为事实，这个程序就是知识经验，而"道"即科学理论，或概念结构的秩序，亦即事实界的秩序。就摹写作用说，此秩序来自经验，它有"后验性"；就规范作用说，它被用来接受所与，又有"先验性"[1]。随着经验的开展，所与源源不断地涌现出来，事实界的秩序被看作是我们对所与的安排，是随着知识经验发展着的"动的程序"，这个程序是与经验同始终的。可是，"把这秩序视为静的结构，它无所谓与经验同始终底问题。同时事实底秩序也是所与底秩序，

① 金岳霖：《知识论》，第442页。

而所与底秩序也是本书所谓现实的历程中的事，它既有共相底关联也有殊相底生灭"①。因为事实、所与本来是外物的一部分，所以事实的秩序、所与的秩序也就是现实历程或自然界中的秩序，而这秩序总是共相与殊相的统一。共相的关联就是理。而理即在事中，事都是特殊的，各有其殊相的生灭。事实的秩序是事与理，共相与殊相的统一。知识的进步就在于随着经验的开展不断地在"事中求理"②、"理中求事"③，即从大量事实中概括出条理或规律性的知识，又以理论作为工具去发现事实。

既然人类有许多科学知识揭示了自然界（事实界）的秩序，认识论便要问：由知识经验提供的普遍必然的科学知识何以可能？科学所揭示的秩序有理论上的担保吗？金岳霖认为"理论上的担保"（即必要条件）首先在于思维遵守逻辑，其次在于归纳原则永真。

金岳霖在《知识论》中说：

> 逻辑命题是摹状和规律底基本原则，……是摹状底摹状和规律底规律，……是意念所以能成为接受方式底条件。④

意思是说，逻辑命题本身虽对事实无所表示，但任何概念及概

---

① 金岳霖：《论道》，第10—11页。
② 金岳霖：《知识论》，第853页。
③ 金岳霖：《知识论》，第854页。
④ 金岳霖：《知识论》，第449页。

念结构，必须遵守形式逻辑，才能成为接受方式，才能对现实起摹写和规范的作用。

金岳霖把形式逻辑的同一律、排中律、矛盾律称为"思议原则"，对它们的性质作了深入探讨。他说：

> 三思议原则之中，同一原则的确基本。……它是意义可能底最基本的条件。[1]

这是说，如果违背同一原则，概念没有确定意义，思维便无法进行。如果桌子可以不是桌子，四方可以不是四方，那么"桌子是四方"就不能有意义。如果在一定论域里，概念可以偷换，那么人们就无法交流思想。所以是否遵守同一律，这是名称能否有意义的根本条件。同一律并不是讲一件东西与它本身的同一。就客观事物来说，天下无不变的事体，事物间的关系更是总在不断地变化。然而"关系""变化"等概念也都遵守同一律。

关于排中律，金岳霖说：

> 排中律是一种思议上的剪刀，它一剪两断，它是思议上最根本的推论。[2]

对任何一所与，我们总可以说它或者是甲，或者非甲，可以

---

① 金岳霖：《知识论》，第455—456页。
② 金岳霖：《知识论》，第456页。

说，排中律揭示了"逻辑的必然"（这里讲的是形式逻辑的必然，就是指穷尽可能的必然）。拿命题来说，对一命题引用二分法，有真假两可能 $p \vee \bar{p}$（这可视为排中律）就穷尽了可能；对两命题引用二分法，那就有四可能，$pq \vee p\bar{q} \vee \bar{p}q \vee \bar{p}\bar{q}$ 就穷尽了所有的可能。依次类推，对 n 个命题引用二分法就有 2^n 可能。把 2^n 可能析取地全部列举出来，也就体现了排中原则。维特根斯坦等已经阐明：所有的逻辑命题都具有重言式的结构，都可以化为析取地穷尽可能的范式，而这就可以说明逻辑命题都是必然的。金岳霖吸取了这种成果，说："必然的命题从正面说是承认所有可能的命题，从反面说是拒绝遗漏的命题。逻辑所保留的是必然命题，所以它所保留的是表示'排中'原则的命题。"[1] 同时，逻辑命题都是推论形式，所以他又说排中律是"思议上最根本的推论"。当然，以 $p \vee \bar{p}$ 为排中律的形式，不适用于三值系统、多值系统。但金岳霖认为以析取地穷尽可能为必然，这种原则是不管什么逻辑系统都适用的。

至于矛盾律，金岳霖认为是"排除原则"。他说：

> 思议底限制，就是矛盾，是矛盾的就是不可思议的。是矛盾的意念，当然也是不能以之为接受方式的意念。[2]

---

[1]　金岳霖：《逻辑》，《金岳霖全集》第 1 卷，北京：人民出版社，2013 年，第 294 页。

[2]　金岳霖：《知识论》，第 457 页。

思维若有逻辑矛盾，内容就不能成为结构。所以概念结构必须排除逻辑矛盾，才可以成为接受方式。必然是逻辑所要取，矛盾是逻辑所要舍。排中原则的实质是以析取地穷尽可能为必然，"矛盾原则可以说是表示可能之拒绝兼容"①，"'排中'与'矛盾'都是划分逻辑界限的原则"②。

金岳霖关于形式逻辑基本规律的性质的讨论是深刻的。他指出，正因为"'同一'是意义的条件"③，"必然为逻辑之所取，矛盾为逻辑之所舍"④，所以逻辑是"意念之所必须遵守的基本条件"，是"摹状和规律底基本原则"⑤。因此，在以概念摹写和规范所与时，"所与绝对不会有违背逻辑的呈现，这就是说，我们底接受方式底引用总是可能的"⑥。他说，这一点"我们可以担保"，而这也就是担保事实界"至少有这种最低限度的秩序，或消极的秩序（即不违背逻辑的秩序）"⑦。同时，从逻辑和科学的关系说，逻辑的功用则在于：

> 一方面它排除与它的标准相反的思想，另一方面因为它供给能取与否的标准，它又是组织其它任何系统的工具。各种学问都有它自己的系统，各系统虽有严与不严程

① 金岳霖：《逻辑》，第 294 页。
② 金岳霖：《逻辑》，第 296 页。
③ 金岳霖：《逻辑》，第 296 页。
④ 金岳霖：《逻辑》，第 294 页。
⑤ 金岳霖：《知识论》，第 449 页。
⑥ 金岳霖：《知识论》，第 512 页。
⑦ 金岳霖：《知识论》，第 515 页。

度不同的问题，而其为系统则一，既为系统就不能离开逻辑。①

就是说，各门学问要系统化，都必须遵守逻辑，所以逻辑对各门科学都具有方法论的意义。不过在各门科学中，命题之取与不取，承认与否，除逻辑标准之外，还有其他标准。

在对命题作取舍的其他标准中，金岳霖认为，最重要的是归纳方面的证据。"而引用这一方面的证据，当然也就是引用归纳原则。"② 《知识论》提出"归纳原则是接受总则"的论点，说：

> 我们从所与得到了意念之后，我们可以利用此意念去接受所与。在此收容与应付底历程中，无时不引用归纳原则。……凡照样本而分类都是利用归纳原则，所以引用意念就同时引用归纳原则。③

所谓归纳，就是从若干特殊的事例得出一普遍的结论，并进而用新的特殊事例来加以证实或否证。所以，以一事例作"类"的样本，而把新的事例归入"类"中去，也就是归纳。母亲教小孩子说："这是桌子"，"那是桌子"。这里就利用了归纳原

---

①　金岳霖：《逻辑》，第 294—295 页。
②　金岳霖：《知识论》，第 503 页。
③　金岳霖：《知识论》，第 503—504 页。

则。因为她引用"桌子"于"这""那",实际上是要小孩子以"这""那"为特殊例证即样本,来把握"桌子"的类概念,使他以后碰见别的桌子时,也能用"桌子"去应付它,归入"桌子"一类中去。所以,"任何意念底引用都同时是归纳原则底引用"。金岳霖在《知识论》和《论道·绪论》中详细论证了归纳原则的永真。他说,除非时间停止,经验打住,归纳原则才失效。"我们决不至于经验到时间打住,所以我们也决不至于经验到归纳原则底失效。只要有经验,所与总是源源而来,归纳原则总是继续地引用。"① 他以为,这一点也是"我们可以担保"的。

《知识论》关于归纳原则的探索是富于启发意义的。不过,在我看来,接受总则虽包含归纳,却不只是归纳。显然,以概念规范事实,也包含由普遍到特殊的演绎。人们以得自所与的概念还治所与,概念作为接受方式引用于所与,实际上已具体而微地体现了分析与综合相结合,归纳与演绎相结合的辩证过程。金岳霖在谈到科学方法时说:

> 所谓科学方法即以自然律去接受自然,或以自然律为手段或工具去研究自然。……所谓利用自然律以为手段,就是引用在试验观察中所用的方法底背后的理,以为手段或工具。②

----

① 金岳霖:《知识论》,第 504 页。
② 金岳霖:《知识论》,第 558 页。

这里讲到了方法论的基本原理：在实验观察中运用自然律作为接受方式，即以自然过程之"理"还治自然过程之身，科学理论便转化为方法。此所谓科学方法，在本质上是辩证的，不止于归纳而已。而这种辩证方法的原则，在以得自所与的意念还治所与的日常经验中，已经具有了胚胎。所以，应该说，形式逻辑和辩证逻辑（即作为逻辑的辩证法）是知识经验的必要条件；正因为思维按其本性遵守形式逻辑和辩证逻辑，便使科学所揭示的秩序有了"理论上的担保"。

金岳霖不只是在关于科学方法的基本原理的探讨中接触到了辩证逻辑的思想，而且在《逻辑》一书中，也不自觉地揭示出普通逻辑思维所包含的某些辩证法的因素。例如他根据Lewis Carrol［刘易斯·卡罗尔］对推论提出的诘难来讨论推论和蕴涵的关系，指出：推论要根据蕴涵，而蕴涵可以成为一串无穷的连续的链子，又必须用"所以"来打断他。例如甲蕴涵乙，乙蕴涵丙……可以成为一无穷的链条，人们根据蕴涵关系进行推论，由前提得出结论，断定前提是真的，"所以"结论是真的，这个"所以"就把链子打断了。[①] 可见，从前提推出结论的思维活动既是连续的，又是间断的，推论正体现了间断和连续的统一。所以普通逻辑讲的推理包含有辩证法的因素。不过金岳霖尽管揭示了推论的辩证因素，却是不自觉的，他当时并不认为辩证法是逻辑，他认为唯一的逻辑是演绎逻辑，即形式逻辑（因为归纳得到的结论是或然的，形式逻辑要

---

① 参见金岳霖：《逻辑》，第304—305页。

保留必然，所以他把归纳法也排斥在逻辑之外）。①

这里再讨论一下金岳霖关于"先天""先验"的说法。他从概念对所与的双重作用来说明概念具有先验性和后验性，这说法本来无可厚非。概念都来自经验，但用理论指导实践的时候，概念又先于经验。但金岳霖进而说逻辑是"先天形式"，归纳原则是"先验原则"，这是什么意思呢？他说：

> 先天的原则无论在什么样的世界总是真的，先验原则，在经验老在继续这一条件之下，也总是真的。可是，假如时间停流，经验打住，先验命题也许是假的。②

他以为虽然逻辑对一件一件的事实毫无表示，但是，逻辑却是任何可以思议的世界所不能违背的。他在《论道》里说，逻辑好比如来佛的手掌，任凭孙行者怎么跳，也跳不出如来佛手掌的范围。所以他称逻辑为先天原则。即使在时间停流，经验中止的情况下，世界仍可以思议，因为它是不矛盾的世界（如他《论道》中说的"无极"），因此，逻辑还是真的。但在这种情况下，没有任何经验，归纳原则却失效了。人们从所与中抽象出概念，运用概念去摹写和规范所与，即以所与之道还治所与之身，这就是知识经验。一有知识经验，就包含一个接受总

---

① 金岳霖在后期已改变了他的观点：肯定逻辑应包括归纳法；在《客观事物的确实性和形式逻辑的三个基本规律》一文（《哲学研究》1962 年第 3 期）中，明确地主张有形式逻辑和辩证逻辑。

② 金岳霖：《论道》，第 15 页。

则，即归纳原则。时间不会停流，所与源源而来，不断地化为事实。"以抽自所与者还治所与"，经验总是遵守归纳原则，而决不会违背归纳原则，所以归纳原则是知识经验之所以可能的先验原则。金岳霖以为先天原则和先验原则都有其本体论的根据："逻辑的泉源"是《论道》中的"式"，而先验原则可归源于"能有出入"。这就导致先验论的形而上学了。

（五）"居式由能，莫不为道"

金岳霖的《论道》是论述天道观的（即他所谓"元学"）。《论道》第一章的第一条是："道是式——能"，最后一条是："居式由能，莫不为道。"他所谓的"道"是"式"与"能"的统一，而"式"接近于朱熹的"理"或亚里士多德的"形式"，"能"则接近于朱熹的"气"或亚里士多德的"质料"。

中国传统哲学中的天道观上的"理气"之辩，在近代久被忽视了，直至金岳霖、冯友兰，才又把理气关系问题重新提出来，作了新的探索。金岳霖所说的"式"与"能"，已经是建立在近代科学的基础上，和宋明哲学家所说的"理"与"气"有了很大不同。

金岳霖给"式"定义为：

> 式是析取地无所不包的可能。[①]

---

① 金岳霖：《论道》，第27页。

此所谓可能，是指逻辑上没有矛盾的可能，包括一切实的共相和空的概念。把所有的可能，"句举无遗地，用'或'的思想排列起来"，就是"式"。这个"式"的思想显然是从现代数理逻辑吸取来的。至于"能"，是指纯粹的质料。金岳霖以为，不论是宏观事物的变更还是微观粒子的转化，都是"能"在改变其形态，在由甲变乙，由乙变丙……的变化程序中，有 X 由甲形态变成乙形态，由乙形态变成丙形态……形态有殊相，可以感觉，有共相，可以用名词表达，而这 X 则非感觉和概念所能把握，但金岳霖以为"可以在宽义的经验中（有推论有想象的经验）抓住它"①，并给它一个名字："能"。他说"能"是一很好的名字：

> 它可以间接地表示 x 是活的、动的，不是死的、静的，一方面它有"气"底好处，没有"质"底坏处；另一方面它又可以与"可能"联起来，给"可能"以比较容易抓得住的意义。②

金岳霖以为"能"是永恒地活动的，这说明"能"接近于中国传统的气一元论者（如张载，王夫之等）所说的"气"，而和亚里士多德所说的"质"不同。在亚里士多德那里，动力因是形式，而非质料。金岳霖则认为"式常静，能常动"，动力因

---

① 金岳霖：《论道》，第 24 页。
② 金岳霖：《论道》，第 25 页。

是能，而非式。金岳霖还说"能无生灭，无新旧，无加减"①，并把这一思想同 Indestructibility of matter energy② 的原则联系起来，说明他讲"能"，也是试图对近代自然科学关于物质——能量的理论作哲学的概括。同时金岳霖又把"能"与"可能"联系起来，"所谓可能是可以有而不必有'能'的'架子'或'样式'"③，而"能"的活动就是不断地出入于"可能"："能"之入于一"可能"即一类事物或一具体事物的生，"能"之出于一"可能"即一类事物或一具体事物的死，因为式包括所有的可能，所以能有出入，而老在式中。"无无能的式，无无式的能"④，式与能不能分离，而"'居式'由'能'莫不为道。"⑤

金岳霖从"可能底现实"（即"可能"有"能"而成为现实）和"现实底个体化"来讲现实世界的演变，认为川流不息的现实的历程中既有共相的关联，也有殊相的生灭。共相的关联即实理，殊相的生灭则形成他所谓"势"。他说：

个体底变动，理有固然，势无必至。⑥

传统的说法是"理有固然，势有必至"，"在势之必然处见理"，

---

① 金岳霖：《论道》，第 31 页。
② 可译为"物质能量不灭性"。——编者
③ 金岳霖：《论道》，第 26 页。
④ 金岳霖：《论道》，第 29 页。
⑤ 金岳霖：《论道》，第 48 页。
⑥ 金岳霖：《论道》，第 238 页。

强调现实的发展有其必然趋势，那正是规律性的体现。金岳霖所说的"势"不同于通常说的"趋势"。他以为"普通所谓'趋势'（请注意这两字在此处是连在一块的），不过是我们所不甚知道的理"①。他赋予了"势"以新的含义。"势无必至"，是说殊相生灭有其偶然性。所谓偶然性，不是不能理解的意思。从理（即共相的关联）方面来说，"无论个体如何变动，我们总可以理解（事实成功与否当然是另一问题）。"但从势（即殊相的生灭）方面来说，则"无论我们如何理解，我们也不能完全控制个体底变动"②。为什么不能完全控制呢？因为殊相生灭本来就是一"不定的历程"而这"不定"包含两层意思，即"以往历程底不确定与将来开展底不固定"③。以往的历史事实虽已成陈迹，无法改变，但从认识来说，"已往虽已决定，而我们绝对不能完全知道，所以仍为不确定"④。至于所谓"将来开展底不固定"，则不仅指我们在认识上不能预测将来有什么样的殊相出现，而且是说在实际上根本就没有决定什么样的殊相出现。金岳霖说："知道经验上所有的既往是办不到的，……即令我们知道所有的既往，我们也不能预先推断一件特殊的事体究竟会如何发展。"⑤ 所以说"势无必至"。但他又说：

---

① 金岳霖：《论道》，第 235 页。
② 金岳霖：《论道》，第 198 页。
③ 金岳霖：《论道》，第 195 页。
④ 金岳霖：《论道》，第 196 页。
⑤ 金岳霖：《论道》，第 240 页。

势虽无必至而有所依归。势未成我们虽不知其方向，势既成我们总可以理解。势未成无必至，势既成，乃依理而成。①

金岳霖这一"理有固然，势无必至"的理论，既肯定了现实的演化遵循客观规律，世界不是没有理性的世界，也承认现实的历程中有"非决定"的成分，这一论点，基本上是正确的。

不过，他把问题简单化了。从辩证法看来，事物之间的联系是复杂的、多样的，要区分本质联系与非本质联系，在本质联系中要区分不同层次，区分根据与条件，等等。如果我们能全面地把握所考察对象的本质联系，把握其发展的根据与条件，那是可以把握其发展的必然趋势的。当然，必然和偶然不可分割，必然趋势中同时总有不确定的成分，无法全部预知。所以应该说，"势"之"趋"与"至"是必然而又偶然的。必然，所以可以理解（用理论思维来把握）；偶然，则正如金岳霖所说，"就生灭而言，我们只能在生生灭灭程序中去生活"②。就是说，也需要用"非理性"（情、意）的方式去把握。这里涉及现代科学、现代文化中的一个重要问题，即必然、偶然和自由、理性和非理性的关系问题，不能说金岳霖已解决了这问题，但他提出了自己的独特见解，对人们作进一步探索是有启发的。

---

① 金岳霖：《论道》，第245页。
② 金岳霖：《论道》，第196页。

《论道》最后一章讲"无极而太极"，金岳霖以为，道无始无终，但虽无始，追溯既往，无量地推上去，其极限可以叫无极；虽无终，瞻望未来，无量地向前进，其极限可以叫作太极。他以为无极是天地万物之所从生的混沌，而太极则是"至真、至善、至美、至如"的理想境界。他说：

> 无极而太极是为道。①

> 现实底历程是有方向的，现实底方向就是无极而太极。……整个底现实历程就在这"而"字上。②

"无极而太极"就是宇宙洪流或自然演化的方向，而且它不仅表示方向，也表示目标，表示价值。金岳霖以为，万物都是情求尽性，用求得体，势求归于理，其终极目标就是"绝逆尽顺，理成而势归"的"至真、至善、至美、至如"的太极。这种目的论的宇宙观，当然是形而上学的虚构。

总起来看，金岳霖在实在论的基础上讲感性与理性、事与理的统一，提出"所与是客观的呈现"，"概念具有摹写与规范双重作用"的理论，对形式逻辑的基本规律和科学方法的原理作了深入探索，作出了创造性的贡献。他联系现代科学来重新探讨理气（式、能）关系问题，对后人也有启发。他运用逻辑

---

① 金岳霖：《论道》，第 261 页。
② 金岳霖：《论道》，第 256—257 页。

分析方法于哲学研究，取得了显著成绩，他的著作和讲演具有精深的分析和严密的论证的特色，形成一种独特的、谨严的学风，对后学产生了积极影响。但他也有其明显的局限性。他当时还缺乏实践观点，不能从人的社会性、人的历史发展来考察认识问题，而只是对知识作了多层次的静态分析。他当时也没有辩证法的具体观念，他强调抽象作用，以为抽象是一次完成的，他把抽象概念与可能（或共相）的对应关系绝对化了，把形式逻辑的原则作为世界观的基本原则，因而便导致形而上学。他的"式"，是析取地无所不包的可能，显然是把形式逻辑的必然（包含排中原则的必然）形而上学化的结果；他的"能"，非感觉和概念所能把握，则包含有不可知论倾向。不过这些缺点，在他 60 年代写的《罗素哲学》① 等著作中，已在很大程度上得到克服。

---

① 《罗素哲学》系金岳霖的一部遗著，写于20世纪60年代，后经整理，由上海人民出版社于1988年出版，并已收入《金岳霖全集》。

五

忆金岳霖先生以及他对超名言之域问题的探讨（1994 年）*

* 参见冯契：《智慧的探索》，第 498—515 页。本文系为纪念金岳霖先生诞辰 100 周年而写的专稿，原发表于《学术月刊》1994 年第 2 期。——编者

刘培育同志来信通知我，"金岳霖学术基金会"将于 1995 年为龙荪师诞辰 100 周年举行纪念活动，包括出《文集》《纪念集》等，这促使我回忆起过去从金先生受教的种种情景，特别是 1941 年之后在清华文科研究所那一段时间，得到金先生给我的严格的思维训练和特别亲切的教诲，并讨论了"超名言之域"等问题，那真是对我一生影响至深的。

（一）在昆明从金先生受教的情况

我 1935 年考进清华哲学系，大一时听了金先生的逻辑课，便对他严密的逻辑分析方法十分钦佩。1937 年抗日战争爆发，清华、北大、南开三校南迁成立长沙临时大学，文学院在南岳。当时有些进步学生在地下党领导下组织战地服务团，决定到北方前线去参加抗战工作，我也报名参加了。临走之前，去向金先生告别，他非常赞赏我的行动，连声说："好，好！我要是年轻 20 岁，也要到前线去扛枪。"我后来一直记着他讲"扛枪"二字时的那种满腔热情，这对我确是最好的鼓励。我在北方两年，1939 年又回昆明西南联大复学。金先生一见到我，就约我到他住处去谈谈。他特别为我准备了咖啡和点心（这在当时大后方是很难得的），详详细细地问我在前线的情况和所见所闻。我如实地讲了自己到山西前线，又到延安，并随八路军到了晋察冀和冀中等地的主要经历，介绍了敌后根据地军民英勇抗敌的许多事迹。他显然听得很高兴，不时地插话："八路军真能打仗！""噢，游击队神出鬼没！""照这样说，中国人一定能打败日本鬼子！"……他还说，他们这一代人，一直担心中国要被瓜分，要亡国；能把日本鬼子打败，中国就有希望了。

我早就认为金先生是个热爱祖国、热爱真理的学者，在感情上和他比较接近。不过在大学生期间，我热衷于进步学生的种种活动，和老师接触的时间较少。只有到 1941 年成为研究生之后，才真正和金先生建立起特别亲密的关系。这时正是皖南事变之后，大后方为白色恐怖所笼罩，地下党实行"长期埋伏，积蓄力量，以待时机"的方针，学生运动暂时沉寂了。于是我便搬到昆明郊区司家营清华文科研究所居住，下决心埋头读书。这期间，为了躲避日本飞机对昆明的轰炸，许多教授到郊区农村借房子安家。金先生从四川李庄休假回来后，住在龙头村钱端升先生家中，离司家营约二里路。他决定为我这个学生单独开课，叫我每星期六下午到他住处去读书（先是 Hume〔休谟〕，后是 Bradley〔布拉德雷〕）。开始读休谟的 *Treatise* ①时，只有一本书，由我捧着朗读，金先生半闭着眼睛听我读，读到其间，他说："打住！"便向我提问，要我回答。往往是这样一个问题，那样一个诘难，使我感到仿佛突然落到荆棘丛中，不知如何才能摆脱困境。于是，他就给我详详细细地分析和批判休谟的思想，从这方面解析，从那方面探讨，又从第三方面考虑，等等，不一定得结论，但把问题引向深入了。金先生对休谟的书真是熟透了，哪一页上有句什么话，有个什么重

① 中文译名为《人性论》，〔英〕休谟著，1739 年首次出版。

要概念，他都记得，并且不止一次地提醒我："要认真读几本书。不要浮光掠影把书糟蹋了！"他这种严谨的治学态度和严密分析的思维方法，给了我极深刻的教育。

当时，金先生正在把他的"知识论"讲稿整理成书，他把写成的手稿一章一章地交给我带回来读，送回去时也要我提出问题和意见进行讨论。同时，除金先生指定读的书之外，我自己开了两个有关西方哲学和中国哲学的书单子，按历史顺序选读各大家的原著，也常有一些疑问和看法要向老师请教。在那一时期，我和金先生讨论的问题是很多的，而且这种讨论不限于为我"解惑"。我好标新立异，敢于提出自己的见解；金先生也喜欢学生有独立见解，但要求我每提出一个论点都经过严密论证。因此，讨论往往是热烈的、富于启发和引人入胜的，不知不觉间，一个下午便在边读边议中过去了。

接触次数多了，互相了解加深了，师生间便建立起真诚坦率、充分信任的关系，交谈的范围也扩大了。金先生虽不愿多谈政治，但他反对法西斯统治和种种腐败现象，态度是鲜明的。在他面前，我可以毫无顾忌地批评国民党反动派。我有时还喜欢讲一点唯物辩证法的观点，金先生也读过一些马克思主义著作。记得有一次他对我说："马克思的著作有种理论的美。"这也就是说，马克思的哲学是一种创作。但他瞧不起苏联的教科书，特别对它们批评形式逻辑很反感。他说："形式逻辑怎么好反对？你反对形式逻辑的那些话，也要遵守形式逻辑。"金先生这些观点，我也是赞同的。

当时在边读边议中讨论得最多的是认识论问题。我在这期间曾经写下不少读书笔记，其中包括读金先生的《知识论》手稿的笔记。这些笔记，我从昆明带到了上海，一直珍藏着，但很不幸，在"十年动乱"中都丢失了。现在当然已不可能把半个世纪前的事情原原本本地回忆起来，不过其中有些问题，特别是涉及"名言世界与非名言世界"问题的讨论，至今仍留下深刻的印象。

记得有一次，金先生忽然颇为感慨地说："《论道》这本书出版后，如石沉大海，一点反应都没有。没有评论……也没有人骂！"他的语气中包含有一种深沉的寂寞之感。我便说："曲高和寡，人家读不懂。但经过时间的考验，这本书的价值是会显示出来的。"他说："哲学理论和自然科学不一样，不能用实验来验证。所谓考验，通常要通过讨论、批评，有人从东边来攻一下，又有人从西边来攻一下，攻来攻去，有点攻不倒的东西，那就站住脚了。"我说："我们这些学生都是认真读了的。在讨论、论辩时也常常会提到《论道》。"金先生便问："那你有什么意见？"我说："《论道·绪论》中区分'知识论的态度'和'元学的态度'，以为知识论的裁判者是理智，而元学的裁判者是整个的人。这个提法可以商榷。"我认为，理智并非"干燥的光"，认识论也不能离开"整个的人"。我主张用 epistemology 来代替 theory of knowledge，以为认识论不应限于关于知识的理论，它也应研究关于智慧的学说，讨论"元学如何可能"和"理想人格如何培养"等问题。金先生听了我的意见说："我的《知识论》确实只讲知识经验领域，即名言世界；你说的智慧，涉及那超形脱相、非名言所能达的领域，理智无法过问，只好交给元学去探讨……不过，你的话也有道理，可能还更接近中国传统哲学。"他鼓励我循着自己的思路去探索。讨论到后来，他说："大概有两类哲学头脑：一类是 abstract mind，一类是 concrete mind。不晓得这看法能不能成立？"他觉得自己有点偏于 abstract，而认为我可能喜欢 concrete。

虽然金先生说自己偏于"抽象"，但他在《势至原则》一文中提出"何以有现在这个世界"的问题，却正是在探求"具体"。该文作于 1940 年，发表在 1943 年的《哲学评论》。当时我已在协助冯友兰先生处理一些有关"中国哲学会"的具体事务，主要是《哲学评论》杂志和《中国哲学丛书甲集》的编辑工作。因为《哲学评论》每期都要求有英文目录，我在发稿前就去问金先生："《势至原则》应该怎样翻译？"他说："译作 Principle of Actualization。"我记得寄给开明书店的杂志目录上就是这样写的。我认认真真地读了这篇文章，对金先生提出的"何以有现在这个世界"的问题甚感新鲜，认为该文对"这样的世界与这个世界""名言世界与说不得""命题与本然陈述"的分析都十分精辟。但我也提了两点意见：一是所谓现在这个世界，金先生说，"我们可以假定其为宇宙洪流在这一分钟中或一年中的平削的现实"，又说"Why is there such actualization"的问题，从小范围着想，"就是问我何以坐在这间房子里，这张纸何以摆在桌子上"，等等。我觉得这些提法有点把原来探求"具体"的问题抽象化了。但究竟应如何更具体化，我也说不清楚。二是金先生《论道》中的"能"是"说不得的"，他以为只有"作一种理智上的跳跃，跳出名言世界范围之外"才能抓住它。这"跳跃"是如何实现的？其机制如何？我觉得还需深入研究。

在我对金先生的思想以及他的为人了解得更多之后，便越来越感到他内心里有个矛盾，很有点像王国维的"可爱"与"可信"的矛盾。他不止一次地对我说："本世纪以来哲学有进步，主要是表达方式技术化了，这是不能忽视的；但因此，哲学理论和哲学家的人格分裂了，哲学家再不是苏格拉底式的人物了。"他这些意见后来也写在《中国哲学》一文中。（这篇用优美的英文写的论文，原是供二次大战中来华参战的美军士兵阅读的。）他为苏格拉底式的人物一去不复返而深感惋惜，正说明他对重视身体力行、追求天人合一境界的中国传统哲学是多么留恋。他内心中的矛盾，客观上是科学主义和人文主义两种思潮的对立以及东西方不同文化传统互相冲撞的反映，而在主观上，他感到这矛盾难以解决。

大约在 1942、1943 年间，金先生的《知识论》第一稿已接近完成。我问他："《知识论》写完之后，还打算写什么？"他说："还打算对'名言世界和非名言世界'问题作些探索。"我说："金先生是想把《论道》和《知识论》沟通起来？"他说，"有这意思。但不止是这一点，非名言所能达的领域很宽广，譬如说诗的意境、宗教经验等等。这个问题很复杂。"我意识到，金先生可能是想解决自己内心中的矛盾。当时我就表示也想碰一碰这个问题，写篇论文；并以为中国哲学讨论"有名"和"无名""为学"和"为道""转识成智"等都与此有关。金先生鼓励我循自己的思路去搞，还说涉及中国哲学的问题可以向冯友兰先生、汤用彤先生请教。这就是我选"智慧"为题作研究生论文的缘起。

大约也是在这期间，金先生在西南联大作了一次公开演讲，听的人还不少。讲的题目我已经忘了，但记得主题就是讲治哲学和文学都要碰到一个"说不得"的问题，说不得当然难以言传，但还要用语言来传达，那么这种传达是借助于人的什么能力和工具来做到的？在这一次演讲之后不久，金先生曾整理出一篇文稿，记得它的题目为《名言世界与非名言世界》，内容比公开演讲要更丰富、更深奥一些。我看过这篇文稿，其中讲文学部分给了我特别深刻的印象。金先生很爱读文学书，他知道我也喜欢文学，所以平日交谈和讨论时也常常涉及。他读过的中外小说比我多，唐诗、宋词及古文的许多名篇他都记得很熟，而且还特别欣赏庄子的文采，因此，他在这篇文稿以及公开演讲中把哲学和文学联系起来进行考察，绝不是泛泛之谈，而是很有深度的。（记得我听完讲演后回司家营，第二天见到汤用彤先生，向他介绍了金先生演讲内容的大意，汤先生也说："金先生的思想真深刻！"）

我在1985年的"金岳霖学术思想讨论会"上曾提到金先生有一篇题为"名言世界与非名言世界"的文章，这是根据记忆说的话。这篇文章至今没有找到，很可能金先生当时没有拿出去发表，也有可能他把它和《知识论》手稿夹在一起，在一次空袭警报中一起丢失了。金先生后来又重写《知识论》一书，因学校搬迁、时局动乱、生活艰苦等客观原因，直到1948年底才写完，那已经是北京解放前夕了。这时，他大概已没有心情再来探讨超越名言世界的元学问题了。

（二）关于"超名言之域"或"说不得的东西如何能说"问题

下面我根据记忆和参考金先生已发表的著作，对他当时关于"名言世界与超名言之域"① 的理论，特别是对"说不得的东西如何能说"问题所作的探讨，作一简单介绍。分三点来说。

第一点，什么是名言世界与超名言之域。

关于名言世界，金先生有明确的定义："名言世界是分开来说的世界。""命题总是分开来说的思想。普遍命题如此，特殊命题也是如此。分开来说的思想所说的对象总是名言世界，而不是那超形脱相无此无彼的世界。"② 他又说："平平常常的知识所发生兴趣的总是名言世界，而名言世界是能以名言去区别的世界。它所注重的不是宇宙底整体或大全，而是彼此有分别的这这那那、种种等等。"③ 按照金先生的知识论，知识经验领域就是名言之所能达的世界，而所谓名言之所能达，就是用命题（特殊命题和普遍命题）分别地断定和用语言分别地陈述；就所表示的说，就是把对象区分为一件件的事实、一条条

---

① 金先生那时常说"名言世界和非名言世界"，这里的"世界"指 Realm（领域）。但"非名言世界"一词易引起误会，金先生后来重写《知识论》时，似乎也不用它了。所以我用"超名言之域"代替它。

② 金岳霖：《势至原则》，《金岳霖全集》第 2 卷，北京：人民出版社，2013 年，第 373、360 页。

③ 金岳霖：《知识论》，第 986 页。

的条理，而这对象即相对于知识类的自然界，所以也可以说"自然界为名言之所能达的世界"。①

但关于超出名言范围的领域，问题就比较复杂。称之为非名言世界、说不得的东西、名言所不能达的领域等，都像逻辑上讲甲与非甲，这"非甲"只是个消极的说法。积极地说指什么？金先生以为涉及元学、宗教、文学等众多领域。上面的引文中提到"超形脱相无彼无此的世界"和"宇宙底整体或大全，"指的是形上的本体。金先生以为："形上重合，形下重分"②；"哲学可以分为两大部分，一部分差不多完全是理性的，另一部分不完全是理性的。前者靠分析靠批评，后者靠综合靠创作。前者近乎科学，后者近乎宗教"③。他认为知识论差不多完全是理性的，而元学则不完全是理性的，包含有名言所不能达的领域，有"近乎宗教"的东西。金先生是个无神论者，他的哲学体系中并无上帝的地位，但他认为哲学要求把握综合一切、会通万有的元理，达到"天地与我并生，万物与我为一"的境界，这便不能只靠理性，还必须有情意、信仰的作用，因此有其近乎宗教体验的东西，那是非名言所通达的。

特别值得注意的是上述引文中"后者靠综合靠创作"的话。按金先生的意思，哲学求"通"，要求揭示那无所不包、精确达于极点的大写的真理（Truth），这是个老达不到的极限；老达不到，"所以哲学既不会终止，也不会至当不移。哲

---

① 金岳霖：《知识论》，第 554 页。
② 金岳霖：《知识论》，第 984 页。
③ 金岳霖：《知识论》，第 895 页。

学总是继续地尝试，继续地探讨"①。而每一次新的尝试，每一次经过认真的探讨而建立新的体系，都可说是一次创作。就其为创作而言，哲学体系也可视为艺术品，哲学和艺术（特别是语言艺术）颇有相似之处。而一切真正的创作都是人性（人的本质力量和个性）的表现，总是既有理性作用，又有非理性（情意）作用。创作如果是自由的，那就像庄子所说的轮扁斫轮："得之于手，而应于心，口不能言，有数存焉于其间"②，这"数"（术数）是无法用语言来传授的。但哲学和文学却都是以语言文字为媒介来进行创作的，因此两者都碰到一个麻烦问题，即：超名言之域如何能用语言文字来传达？——换言之，说不得的东西如何能说？

第二点，关于文学方面的问题。

文学的范围很广，许多文学作品中包含有"记事"的特殊命题和"说理"的普遍命题，那当然属于名言世界。但作为语言艺术的纯文学，不论是诗还是小说、戏剧，都旨在给人以超乎名言范围的东西，因此，文学语言是不能当作表示命题的陈述句看待的。诗所要传达的是意境，把诗句视为命题，运用思议去把握其内容那是无法体验到诗的意境的。金先生举柳宗元《江雪》为例说："即以'千山鸟飞绝'那首诗而论，每一字都有普遍的意义，如果我们根据普遍的意义去'思议'，对于这首诗所能有的意味就会跟着鸟而飞绝了。"③ 就是说，如果把

---

① 金岳霖：《知识论》，第 1045 页。

② 《庄子·天道》

③ 金岳霖：《知识论》，第 895 页。

诗放在名言世界中去理解，那便会味同嚼蜡。至于小说，金先生在其《真小说中的真概念》一文中早就说过："小说中绝大多数语句不是命题；而是即使断定了某些真命题，这些语句的真也与这篇小说的真不相干。""小说并不等同于任何一般的陈述句，也不等同于这些陈述句的全部组合。当这些命题是假时，小说可以是真的；当这些命题是真的时，小说却可以是假的。"① 小说家的才华主要在于他具备使他笔下的人物栩栩如生的能力，他能用笔塑造出一个个活生生的具体的人物性格，在读者中引起主动积极的共鸣，而这种具体生动、有血有肉的人物性格，却绝不是靠一些陈述句或一些具有逻辑和历史科学意义的命题所能描写的。

文学作品如果成功地塑造了典型性格或创作出诗的意境，那一定是具体的、单一的，并反映了生活跳动的脉搏。这种具体生动的单一的东西，非知识经验领域的名言之所能达。文学作为语言艺术，它需要有一种不同于陈述命题的名言的"活的语言"。作家一定要学会如何运用"活的语言"即文学的语言，来进行写作的技巧，正如画家要学会如何运用色彩、线条的技法来作画一样。中国古代诗论讲"赋、比、兴"等，大体都是讲运用语言文字的技巧、手法，运用这些技巧，语言就成了"活的"，能够表现和传达具体生动的艺术内容（意境、人物性格等）了。

所以，在文学领域，"说不得的东西如何能说"的问题，

---

① 金岳霖：《真小说中的真概念》，《金岳霖全集》第6卷，北京：人民出版社，2013年，第543、565页。

就是要求说明：当文学运用赋、比、兴等语言技巧来表现和传达艺术内容时，是借助于人的什么能力和工具来实现的。我记得在那次公开演讲中，金先生以为文学语言之所以能是"活的"，主要在于语词不仅代表意念，而且还要寄托意象，所以语言文字有形象性（汉字由于其为象形文字，尤为显明）。正是利用所寄托的意象，作家可以发挥想象力做到下述三点：一是借助形象间特殊化的时空关系来表示生动具体的生活节奏。小说中通过一系列情节来描写人物性格，每一情节都是在特定的时空背景中展开的（如武松打虎的情节发生在某一夜间的景阳冈上）。二是凭借想象力来把若干意象结合（综合）成有机整体，成为具体生动的单一的东西（意境或人物等）。如陶渊明《饮酒·结庐在人境》一诗，把诗人采菊东篱、悠然见南山的夕岚与飞鸟等形象有机地结合起来，自然表现为一超名言的玄远的境界。三是借助于灌注在意象中的情感来传达韵味。语词或文字的蕴藏不仅有意念的意义，而且还有所谓意味。意味就是与其所寄托的意象相结合着的情调，这种情调、意味和文化传统有密切联系。对中国人来说，大江、长河、春风、秋雨、杨柳、黄花等，都蕴藏有特定的意味。文学语言往往利用这种蕴藏的意味，以表现气韵生动的艺术形象。

第三点，关于哲学方面的问题。

金先生说："治哲学总会到一说不得的阶段。"[1] 有些哲学家以为，既然说不得，便只好沉默；或者像禅宗和尚那样，你

---

[1] 金岳霖：《势至原则》，第 360 页。

问他佛法，他只竖起个拂子或用棒喝来回答。但这样，也就没有哲学了。治哲学者若承认有说不得的东西，他对那说不得者仍有所说。

在金先生的哲学体系中，"能"是说不得的。然而在《论道》和《势至原则》中，他说了许多关于"能"的话，如："能有出入"，"能是潜能（Potentiality），能是实质（Substantiality），能是活动（Activity）"，等等。这些以"能"为主词的话并不是命题——既不是经验命题、科学命题，也不是逻辑命题，而且也不同于本然命题（金先生把《论道》中的"现实并行不悖""时间是一现实的可能"等称为本然命题，其所表示的为本然的非元理）。因为"能"非所指，亦无所谓，它根本不在名言世界范围之内。金先生称"能有出入"等为本然陈述。以"能"为主词的本然陈述，无论宾词如何，都只陈述"能"本身，但并非"甲是甲"那样的逻辑命题，因为其主宾词都不是概念。本然陈述之所表示为本然元理，"它非常之基本，它是治哲学者最后所要得到的话，也是哲学思想结构中最初所要承认的话"①。《论道》一书开始于"道是式——能"，而终结于"无极而太极是为道"。这里的道就是"哲学中最上的概念或最高的境界"，它是合起来说的道、即道一之道，或称"大全"，"大全"也是说不得的。庄子早已揭露：以"一"之言来表示"一"（作为对象的大全），在逻辑上要陷入无穷尽递进的困难。虽然如此，金先生以为："我们仍可以就其说不得而说之"，不

---

① 金岳霖：《势至原则》，第 368 页。

过如"无极而太极是为道"这些话，都不能视为命题，而是对本然元理的陈述。

那么，说不得的东西如何能说？上面已说在文学领域，主要在于语言文字有意象作寄托，人们能发挥想象力来表现具体生动的艺术形象。但哲学却没有这种便利，"能""大全"有什么意象可作寄托呢？庄子用寓言故事（如"庖丁解牛"）讲艺中之道，陶渊明《饮酒·结庐在人境》一诗表现了玄运的境界，确实令人神往，但那毕竟不是哲学理论。理论思维的内容是意念图案或概念结构，一般地说都属于名言世界。不过，人类的思维不仅要求区分真假、是非，而且还有"求穷通"的问题。"穷"即穷究，"通"即会通，求穷通，就是要探求第一因和最高境界，要求思维结构绝对精确、四通八达、无所不包，而这是名言所不能达的领域。但求穷通却是出于人类思维本性的要求，对于有哲学兴趣的人来说是不可避免的。那么，人的理论思维（思议）是不是有能力和工具来"求穷通"呢？在哲学领域，"说不得的东西如何能说"的问题，关键就在此。

哲学和文学相比，显得难度大得多。田夫农女能创作诗歌，小学生能欣赏文学作品，运用文学语言的才能是很普遍的。而一涉及元学领域，人们却普遍视为畏途。那么，哲学究竟能凭借什么能力和工具，对那说不得的元理有所陈述呢？我记得当时金先生拿哲学同文学相比较，也讲了三点。

其一，同文学语言利用时空关系的特殊化正相反，哲学利用"无量"意念作工具，来超越特殊时空限制，以表示元理是超名言世界的。金先生说："无量这意念就是求通的意念，它帮助我们说甲之前有乙，乙之前有丙，丙之前有丁……至于无量。'至于无量'就是说不能至，或者所至总是有量，而有所至的总是不能通。无量这一意念使我们用消极的方式说积极的话，或积极的方式说消极的话。……这样的意念底职责在求理之穷通，而不在求事之实在。"① 对当前的任何个体（如一张桌子），就其为名言世界的项目来说，我们可以从共相方面着想，抽去其"颜色"、抽去其"四方""桌子""木料""原子"等，可以无量地抽象下去。可是无论如何抽象，我们会感觉到有抽不尽者在，所以个体不只是一大堆的共相，而个体也不是一大堆的殊相。从个体的历史的延续着想，它的殊相无时不更改，我们也可以分别地把一个一个的殊相撒开（如《论道》中举抽烟的例子）。但殊相无论如何撒开、变更，总有非殊相者在。把"这两方法（共相方面无量的抽象法和殊相方面无量的变更法）引用于任何一个体，使我们感觉到个体中有非共非殊的底子。此底子我能叫它作'能'"②。金先生并用"能有出入""能是实质、能是潜能、能是活动"等加以陈述。这种本然陈述一方面是消极的，什么话都没有说；另一方面是积极的，它与逻辑命题不一样，什么话都说了。

其二，同文学凭借想象力来综合形象不一样，哲学凭借思辨的综合来陈述元理。"形上重合，形下重分"。从"分"的角度看，真假、善恶与美丑各有其价值领域，不可混为一谈。而

---

① 金岳霖：《知识论》，第 599 页。
② 金岳霖：《势至原则》，第 361—362 页。

从"合"的角度看，《论道》说："太极为至，就其为至而言之，太极至真，至善，至美，至如。"这不是分别地说真、善、美，而是综合地说太极："果然综合地说太极，太极底真是太极本身，太极底善与美也就是太极本身，太极本身总是太极本身，所以它们没有分别。"① 这就是凭借思辨的综合来说那说不得的元理之一例。

其三，同文学要借助语言文字所蕴藏的意味相似，哲学也要利用传统的哲学术语所蕴藏的意味。不过，文学语言注重诗意的情感，而哲学上有一些重要字汇和术语，则由于其代表一定文化传统的中坚思想，蕴藏有哲意的情感。例如中国哲学中的"道""德""仁""义"等字，因为历史传统，因为先圣遗说深中于人心，人们对它们总有景仰之心，这些字汇或术语所蕴藏的意味或情感，对中国人来说便具有原动力性质，成为人们立德立功立言的推动力量。哲学家建立体系以求穷通，也有意无意诉诸这种动力，凭借这些重要字汇所蕴藏的意味以探求最高境，以影响世道人心。

以上所说，难免掺杂有我主观的理解，记忆也可能有误。金先生的见解未必全都精当，重要的是他以独特的方式提出这个重大问题，并作了深刻的富于启发性的探讨。而他当时之所以和我比较多地讨论了"名言世界与超名言之域"的问题，则同我要写研究生毕业论文有关。在我看来，这个问题实质上就是意见、知识和智慧的关系问题。"元学（智慧）如何可能？"

---

① 　金岳霖：《论道》，第252—253页。

首先是问如何能"得"，即如何能"转识成智"、获得智慧；其次是问如何能"达"，即如何能把那超名言之域的智慧用语言文字表达出来。金先生偏重对后者的考察，而我则想着重考察前者，把由意见、知识到智慧的发展视为辩证过程，试图说明"转识成智"即由名言之域到超名言之域的飞跃的机制。经过和金先生的多次讨论，并和汤先生讨论了"言意之辩"，我从读《庄子·齐物论》获得了一点灵感，在1944年写成了一篇论文，题名《智慧》，后发表于1947年出版的《哲学评论》。现在重读自己这篇旧作，难免感到汗颜，但也使我回想起在昆明时和金先生、汤先生讨论问题的生动情景。《智慧》一文运用了比较多的中国哲学资料，但它受金先生的影响是明显的，术语基本上都按金先生的用法，文中如利用"无量"这一概念来解释元学上的飞跃等，也是对金先生思想的发挥。

1946年我到上海之后，和金先生见面的机会少了。但解放后我每次到北京时去看望他，他总是很关心地问我的哲学研究工作。在1957年春，我趁到北京开会之便，请金先生对我的通俗小册子《怎样认识世界》的清样提意见。他邀我去他家（在北大燕东园）饮酒，就认识论问题作了一次长时间的讨论，对我影响很深。这我在《论"以得自现实之道还治现实"》一文①中已说过了。"十年浩劫"之后，我到干面胡同社科院宿舍去看望他。他虽经受了折磨，已进入衰弱多病的耄耋之年，但见到我还是兴致勃勃地跟我讨论问题，并问我在研究些什

_____
① 该文已收入本书。——编著

么。我告诉他，虽然在"文革"中全部手稿、笔记、资料被抄走了，我还是决心使原来计划要写的几种著作复活过来，我把我的写作计划大体向他介绍了一下，说明主要还是想围绕知识和智慧、名言之域和超名言之域的关系问题作深入的探索。他听了很高兴，连声说："好，好！你写出来！现在像你这样多年来一直专心搞哲学问题研究的人不多。"我说："等书印出来就寄给金先生，那时我再到北京来跟你讨论。"我当时期望有一天还能像 40 年代在昆明或 1957 年在北大燕东园那样，和金先生再作一次长时间的讨论。这个期望是不可能实现了！

可喜的是现在研究金岳霖哲学的人多起来了，而且《金岳霖文集》即将出版，将给研究者以极大便利。金先生无疑是中国近代最有成就的专业哲学家之一，他会通中西、建立了自己独特的博大精深的哲学体系，在认识论、本体论、逻辑哲学等领域都作出了创造性贡献。诚如金先生所说："哲学既不会终止，也不会至当不移。哲学总是继续地尝试，继续地探讨。"但后继者只有通过对先行者的认真研究，才可能作出真正的新的尝试。金岳霖哲学不自封为"至当不移"，它期待着后继者将通过它来超过它，所以是富有生命力的。金先生在哲学上作出的贡献和对若干重大问题的探讨（如本文所说的超名言之域问题），将如薪传火，随着后继者的不断增多而产生深远的影响。

六

金岳霖《论道》讲演录
(1994 年)[*]

*　参见冯契：《哲学讲演录·哲学通
　信》，第 97—193 页。——编者

该讲演作于 1994 年 5 月至 12 月，对象为华东师范大学哲学系中国哲学专业博士生讨论班。作者的遽然去世使得他未能完成讲完金岳霖《论道》全书的计划。但幸好当时对作者的讲课进行了录音，较为完整地保留了作者最后的哲学沉思。本讲演由陈晓龙、郁振华根据当时听课笔记和录音记录整理成文。

第一讲　如何担保科学规律的普遍有效性

(一) 金岳霖面对的问题——"怎样可以担保明天底世界不至于把以往的世界以及所有已经发现的自然律完全推翻呢？"①

　　金岳霖所处的时代，正是辛亥革命之后，社会的近代化已成为当务之急。社会的近代化从一定意义上看，首先就是工业化，所以发展科学无疑成为解决近代化问题的关键环节。而发展科学总是离不开归纳问题的解决。这样，时代的问题上升到哲学的高度，科学的哲学基础——归纳的根据，即休谟问题——"以往如何能担保将来"，就成为一个极其重要的哲学问题而被提出。金岳霖在开始自己的哲学思考的时候，首先面对的就是这样一个问题。

　　休谟是怀疑论者，他虽然提出了归纳的根据问题，但由于其怀疑论哲学倾向的制约，休谟并没有能够回答这一问题。尽管如此，休谟问题的意义却是十分重大的，它首先使康德从"教条主义"的迷梦中清醒过来，并试图解决这一问题。这就是康德在《纯粹理性批判》一书中所提出并着力解决的"先天综合判断何以可能"的问题。这一问题对后来的实证论各流派都产生了深远的影响。

　　中国近代面临的客观情况是中国社会要近代化、现代化，

---

① 金岳霖：《论道》，第4页。

中华民族要解放、要自立于世界民族之林，很重要的问题就是要把科学搞上去。但是，要发展科学，必然会碰到归纳即休谟问题；要发展科学，也必须给科学以哲学上的根据，以及对自然律的理论担保、"纯粹理性何以可能"的问题作出说明。这是时代给中国近代哲学家提出的问题。

作为深受实证主义影响的哲学家，金岳霖先生对科学抱有坚定的信念，并在情感上也"不愿意怀疑到归纳本身"，但归纳本身的根据究竟何在？这又是他必须予以回答的问题。不过，同休谟、康德所处的时代相比较，金先生所处的时代，科学毕竟大大地前进了：一是数理逻辑有了很大的进展。在康德时，逻辑仍然是亚里士多德、中世纪遗留下来的传统形式逻辑。但到了金先生时，有了数理逻辑，有了罗素和怀特海的《数学原理》，也有了维特根斯坦的学说，因此，所有的逻辑命题都可以用符号化的"重言式"来表示或归结为"重言式"。一是自然科学本身有了很大的发展，相对论、量子力学的产生是其最突出的表现。正由于科学的上述两大进展，从而既使归纳问题的提出有了新的视角、新的特点，也使哲学家对这一问题的探讨比以往深入多了。

也正是基于中国近代社会发展科学的需要，基于对科学的坚定信念，以及休谟、康德以来对归纳问题研究、探索的不断深化，金岳霖先生试图以自己具有独创性的思想来解决这一问题，而《论道·绪论》主要讲了他对这一问题探索的具体过程。

(二) 金岳霖对此问题的探索过程

如所周知，金岳霖先生起初是研究政治思想史的，这种选择主要出于爱国的考虑，认为中国的问题应该有一个政治上的解决。后来由于对中国政治的失望而转向哲学。在研究兴趣转向哲学之后，两本书对他产生了很大的影响，一本是罗素的 *Principles of Mathematics*①，另一本是休谟的 *Treatise*。

罗素 *Principles of Mathematics* 一书对数理逻辑的研究表明，任何可以思议的领域都要遵守形式逻辑，自然界的秩序与逻辑也是有联系的，这是罗素从数理逻辑的研究中得出的结论。金先生对罗素的结论作了研究，认为仅仅凭数理逻辑，仍然难以解决归纳的根据问题。因为数理逻辑经过维特根斯坦和袁梦西（Frank Ramsey）的发展之后，明确了一条最基本的原理，那就是所有的逻辑命题都可以化为穷尽可能的必然命题。这样来讲逻辑的必然性，就像佛菩萨的手掌心，任凭孙猴子怎样跳，总是跳不出去的；这样来讲，逻辑的必然性也就意味着自然界不论怎样，总是要遵守逻辑秩序的。换言之，不论怎样的世界总有一种非遵守逻辑不可的秩序。尽管如此，这样一种理论，也不能回答自然律的根据问题，亦即不能回答物理学何以可能的问题。因为尽管任何可以思议的世界都是遵守逻辑的世界，但我们也可以思议到一没有归纳法所需要的秩序的世界也遵守形式逻辑。这样，秩序的问题仍然没有解决，也就是说自然科学要求的秩序单凭形式逻辑仍然无法解决。这是金先生通过对罗素、维特根斯坦、袁梦西等人的数理逻辑理论探索之后所得出的结论。

---

① 中文译名为《数学原理》，［英］罗素著，1903 年首次出版。

休谟 *Treatise* 一书对金先生的影响主要是因果论问题。休谟对因果问题的讨论，使金先生感到"归纳说不通，因果靠不住，而科学在理论上的根基动摇"①。但由于受时代的影响，金先生"对科学的信念颇坚"，并把对科学哲学基础的寻求作为自己哲学的要务，所以其早期著作主要是对休谟学说进行了批判性的考察。作为这种批判性考察的结果，金先生发现休谟学说的根本缺陷并不在于其因果论，而在于其整个哲学本身，而最中坚的问题就是他的"观念"（Idea）。休谟的"观念"（Idea）只是"意象"（Image），是印象留在大脑中的不强烈、不生动的东西。这样，休谟的哲学便发生了一个深刻的矛盾：一方面，休谟不承认抽象的意念或概念，他的"Idea"不是抽象；另一方面，休谟作为哲学家，他又不能不运用诸多抽象概念，因为离开了许多抽象概念无法进行哲学思考，也无法与别人交流思想。所以，金先生指出：休谟"既不能承认意念，在理论上他不能有抽象的思想，不承认抽象的思想，哲学是无法谈得通的，因果论当然不是例外"②。金先生对休谟理论的批评，无疑抓住了其根本的弱点和要害。

意识到休谟理论的根本弱点，这只是问题的提出，那么，如何克服休谟理论的缺陷，并进而解决这一问题呢？金先生在《论道·绪论》中谈了他对这一问题的探索过程。

金先生指出，在一个时期，他认为休谟的问题在于"理"

---

① 金岳霖：《论道》，第 6 页。
② 金岳霖：《论道》，第 7 页。

与"势"不相调和，于是提出了"理论上有必然事实上无必然"① 的主张，并试图用这一理论来解决休谟的问题。所谓"理论上有必然"是指科学规律之"理"是有其"必然性"的，这种"必然性"的意义十分广泛，但通常而言是形式逻辑的必然，这是分析哲学的一个基本观点。所谓"事实上无必然"是事实之中的殊相之"势"无必然性。据此，金先生强调"逻辑在先""理论在先"。譬如，如果某物是红的，首先因为它是有颜色的，无色不能红，所以逻辑上或理论上有色"先于红"。这样讲先后，实际上是以必要条件为先，以充分条件为后的先后，即如果 P 蕴涵 Q，那么，没有 Q 就没有 P，Q 是 P 的必要条件或颜色是红的必要条件，颜色先于"红的"。这是金先生对问题的初步看法。

后来，金先生逐步发现这种看法是有问题的。因为从纯粹逻辑或理论的角度着想，逻辑或理论本身并无这样的先后问题。纯粹的逻辑命题彼此都是彼此的必要条件，否认任何一逻辑命题，也就是否认了其他的逻辑命题。同时，所谓逻辑上或理论上的"先后"，其实只是就一门学问或一思想体系或一逻辑系统的条理的先后而言的，没有系统之外或超系统的先后。由此，金先生得出的结论是："逻辑的先后或理论的先后决不是逻辑底先后"② ，从而否定了自己早期的观点。

金先生对自己早期观点的否定和超越无疑有着十分重要的

---

① 金岳霖：《论道》，第 7 页。

② 金岳霖：《论道》，第 8 页。

意义，它不仅为金先生在新的基点上解决休谟问题提供了前提，而且为解决中国传统哲学长期争论不休的理事先后问题提供了富有启发的新思路。

众所周知，理事先后问题一直是中国传统哲学长期争论的核心问题之一，到了近代之后，这一问题的争论并未结束。作为受实证主义、分析哲学深刻影响的哲学家，冯友兰先生曾试图用逻辑分析的方法来改造中国传统哲学，并解决理事先后的问题。但是，由于冯先生没有意识到逻辑或理论在先观点的内在矛盾，所以，当他将这一观点坚持到底，并贯穿于他的《新理学》之中的时候，理与事的矛盾和冲突仍然是其哲学所面临的根本性理论困难。与冯友兰先生不同，金岳霖先生在写作《论道》时，已经明确意识到这一观点所面临的理论困难，从而改变了他原来的观点，并把逻辑或理论的先后问题仅仅限制在逻辑系统本身，而不是看成理论与事实的先后问题，这无疑是一个巨大的进步。

与理论上的先后问题相联系，就是事实之为客观的所与问题。金先生对此问题的基本看法是，事实就是客观的所与。一个判断表示一个事实。纯客观的所与无所谓"事"。比如在"某人只有 40 岁"这一判断中，某人纯客观的所与无所谓"事"，或者说纯客观的所与不就是事实。"事实是加上了关系的原料而不是改变了性质的原料。与所与接触不必就是与事实接触。"① 所与无所谓客观，只有事实才是客观的。"事实有这

---

① 　金岳霖：《论道》，第 9 页。

样的客观性因为它不是光溜溜的所与而是引用了我们底范畴的所与。"① 换言之，事实的客观性来自于对所与引用我们的概念，亦即所与概念的结合。需要注意，金先生在写《论道》时，还未提出"所与是客观的呈现"的理论，而只是把事实看成是引用了概念的所与。"所与是客观的呈现"的理论是他在《知识论》中才提出的。这一理论的提出，使关于所与和事实的理论更加细腻、更加具体化，它意味着所与不仅不是"无观"的，而且是客观的。

事实既然不是光溜溜的所与，而是引用了我们概念的所与，那么，引用了概念的所与何以能够成为事实呢？金先生在《论道·绪论》中初步提出了概念双重作用的理论来解决这一问题，他认为概念有两方面的作用，其一是形容，其二是范畴，正由于概念具有这两种作用，所以引用了概念的所与被赋予了某种关系，从而转化为事实。在《知识论》中，金岳霖先生进一步将概念的形容和范畴作用发展为摹状和规律的作用，并将其视为知识经验成为可能的前提条件。

承上所述，在金先生看来，事实不是光溜溜的所与，事实是引用了概念的所与，而概念又代表着共相，共相又彼此关联而成为一定的概念结构或系统，所以"把概念引用到所与上去，或以概念去范畴所与，那所与总是一图案，一系统，或一结构范围之内的东西"②。换言之，作为被接受了的所与，事

① 金岳霖：《论道》，第 9 页。
② 金岳霖：《论道》，第 10 页。

实本身是有秩序的。这样一来，一方面知识的对象是事实，另一方面事实又不是光溜溜的所与，而是引用概念接受了的所与，事实本身是有秩序的，所以金先生认为，如果从概念的双重作用的角度来理解事实，那么知识的秩序问题亦即休谟问题便得到了"一点子帮助"。在此基础上，金先生进一步讨论了事实亦即知识秩序的一般特点。

金先生认为，事实的秩序既不完全是"先验的"，也不完全是"后验的"。由形容作用说，它是后验的；由范畴作用说，它是先验的。同时，如果将事实的秩序视为"动的"程序，就意味着我们把这秩序视作对所与的安排，这程序就是"知觉经验"（在《知识论》中金先生将此称之为"知识经验"），它与经验同始终。相反，如果将这秩序视为"静的"结构，那么它就无所谓与经验同始终的问题。同时，事实的秩序也就是所与的秩序，因为事实的秩序本来就是以得自所与的抽象概念摹写和规范所与的结果，并且所与的秩序也就是现实历程中的事。这样，所与的秩序就既有共相的关联，也有殊相的生灭。

可见，金先生在批判休谟狭隘经验论的基础上，肯定了抽象概念的意义和作用，并把概念的形容和范畴作用看成是解决休谟问题的关键。值得注意的是，金先生对抽象概念及其作用的承认和肯定，起初以为理先事后，后来经过进一步思考，他放弃了这一看法，而把这种先后仅仅限制在逻辑或理论系统本身。在此基础上，金先生进一步用概念的双重作用，亦即概念的"先验性"和"后验性"，来说明主体在运用概念化所与为事实的具体过程，从而找到了一条解决自然科学秩序问题的路子。

解决问题的路子找到之后，金先生从以下两个方面对此作了进一步展开。他认为，事实就是以所与之所得还治所与的结果，即用得自所与的抽象概念来摹状和规范所与，化所与为事实，所以无论所与如何来，我们总是有办法接受的。这主要是因为，一方面，我们不仅有正的概念，而且有一些负的笼统的概念，比如"古怪""莫名其妙""不是什么"等，所以所与作为呈现，不论它如何而来，我们总是有办法去接受；另一方面，尽管我们不能保证将来的所与为哪样的所与，也无法保障将来如何如何，但由于所与无所逃于概念之间，并且从"接受的"角度而言，我们接受所与的办法是确定的，所以无论将来如何如何，我们总有办法接受它，而这一点又是由归纳原则作为接受总则的一般特点所决定的。

按金先生的理解，归纳原则既不表示所与的历程，也不表示所与前进的方向，它只是一基本的接受总则。作为一基本的接受总则，只要所与有所呈现，不仅所与总是有办法接受的，而且归纳原则本身也不会为所与所推翻。之所以如此，是因为归纳原则是一"如果——则"的命题，这一"如果——则"的命题可以表示如下[1]：

如果 　a_1——b_1

　　　　a_2——b_2

　　　　a_3——b_3

---

[1] 参见金岳霖：《论道》，第12—13页。

$$\vdots \qquad \vdots$$

$$\frac{a_n \text{——} b_n}{\text{则} A \text{——} B}$$

在上述表述中，归纳原则的前件 a_1——b_1，a_2——b_2，……，a_n——b_n 列举了特殊的例证，其后件 A——B 是一结论式的普通命题。

为了进一步说明归纳原则作为接受总则及其意义，金先生又用数理逻辑的符号把归纳原则作了如下表述和进一步展开：

归纳原则的前件用命题表示即为：

$$\varphi(a_1 b_1) \cdot \varphi(a_2 b_2) \cdot \varphi(a_3 b_3) \cdots \cdot \varphi(a_n b_n) \quad (1)$$

其后件即为：

$$(a，b)\ \varphi(ab) \qquad\qquad (2)$$

而（2）又等于

$$\varphi(a_1 b_1) \cdot \varphi(a_2 b_2) \cdot \varphi(a_3 b_3) \cdots \cdot$$
$$\varphi(a_n b_n) \cdots \cdot \varphi(a\infty b\infty) \qquad (3)$$

所以，随着正例证的无限增加，（1）愈趋近（3），"大概"不会发生（1）真而（2）假的情形，也就是说归纳原则的前件真则"大概"后件也真。这是就正例证的增加而言的。

从"负例证"或反面的例证的出现来看，金先生认为，如果出现负例证，则归纳原则的前件如下：

$$\varphi(a_1 b_1) \cdot \varphi(a_2 b_2) \cdot \varphi(a_3 b_3) \cdots \cdot$$
$$\varphi(a_n b_n) \cdot \sim\varphi(a_{n+1} b_{n+1}) \qquad (4)$$

而（4）又蕴涵

$$\sim (a，b) \varphi (ab) \qquad (5)$$

所以金先生由此得出结论认为，随着反例证的出现，归纳原则的后件即结论被推翻。但是，金先生又强调，无论作为归纳原则前件的例证是正例证还是反例证，它所加强或推翻的只是归纳原则的后件即结论，而并不是归纳原则本身。之所以如此，一方面是因为当归纳原则被视为一"如果——则"的命题时，它就既是演绎，也是归纳。作为演绎，纯逻辑蕴涵关系可以保障其前提真而结论必真；作为归纳，如果将上述（3）（5）视为结论，它们都有事实上的根据。所以，"在 t_n 的时候，呈现出来的所与或者是 $\varphi (a_{n+1}b_{n+1})$ 或者是 $\sim \varphi (a_{n+1}b_{n+1})$，可是，无论是哪一个，不是（1）蕴涵（3）就是（4）蕴涵（5），总而言之，归纳原则不会为所与所推翻"[1]。另一方面，反例证的出现不会推翻归纳原则本身，还因为"反例子底反是一例子与以前的例子相反，不是将来与已往相反"[2]。换言之，反例证所反证的并不是历史，而只不过是一普遍命题。

反例证的出现之所以不表示将来与以往相反，是因为当一反例 $\sim \varphi (a_{n+1}b_{n+1})$ 作为例证出现的时候，由于时间川流不息，这一反例就已经不是将来，而是过去或现在。同时，如果 $(a，b) \varphi (ab)$ 这一普通命题所表示的仅是在 t_n 时所总结的以往的例子，那么，一负例证 $\sim \varphi (a_{n+1}b_{n+1})$ 并不能推翻它，

---

① 金岳霖：《论道》，第13页。
② 金岳霖：《论道》，第13页。

能够推翻的只是一普遍命题，并且这一普遍命题的被推翻，并不是说它在 t_n 时真，而在 t_{n+1} 时假，而是表示它从来就没有真过。

由此，金先生得出结论认为，一方面，无论所与如何呈现，概念作为我们接受所与的工具，我们不至于无法接受；另一方面，无论在 t_{n+1} 时出现何种情况，都不能推翻以往。这两个方面联合起来，充分地表明将来不会推翻以往，以往那样的秩序亦即科学所发现的自然律、秩序总会有，并且这种秩序也不会为将来所推翻。休谟所提出的归纳问题在金先生这里获得了一定程度的解决。

（三）先验原则与先天原则的区分

如上所述，依金先生之见，无论所与如何呈现，我们总是有办法接受的；同时，也无论将来如何，归纳原则总是不会被推翻的。之所以如此，是因为归纳原则作为接受总则是一"先验原则"。

金先生首先对"先验"和"先天"作了区分，他认为所谓"先验"并不是指先于经验，脱离了经验，而是指无论将来的经验如何，这原则总不至于为经验所推翻。归纳原则就是这样一种不能为将来的经验所推翻的"先验原则"。所谓"先天"是指能够思议而无矛盾的世界，逻辑命题都是先天命题，逻辑规律都是先天原则。

金先生进一步认为，在"先验"与"先天"的区分中，时间是一个十分重要的问题。时间问题之所以十分重要，首先是因为"先验"之所以为先验，并不意味着其可以脱离经验，而是说如果经验继续，那么这样的世界和原则不能为经验所推翻。但是，"经验之能继续下去，根据于所与之继续呈现，而所与之能继续呈现又根据于时间之不断地川流"①，所以"先验"总离不开时间。这是就归纳原则作为先验原则而言的。就先天原则作为逻辑命题而言，"逻辑本来就没有时间"②。所谓"先天"也是指能够思议、没有矛盾的世界。所以先天的世界或逻辑命题就如同"无极"一样，没有时间上的界限，只表示一种没有开始的开始。这样的世界尽管是不能想象的，但又是无矛盾而可以思议的，在这样的世界里，我们可以假设时间"打住"，而逻辑命题仍然为真，或者说逻辑命题不会为这样的世界所推翻。相反，在这样的世界里，归纳原则却可能被推翻，"因为时间打住，不仅以前的世界没有归纳原则所说的普遍命题式的自然律，以后的世界也没有那样的自然律。以那样的自然律为后件，后件总是假的。前件真而后件假，归纳原则也假"③。

从对"先验"与"先天"、"先验原则"与"先天原则"的上述区分中，金先生得出结论："先天的原则无论在什么样的世界总是真的，先验原则，在经验老在继续这一条件之下，也总是真的。"④ 但是，问题在于，当金先生将归纳原则视作先验原则，而将逻辑命题视为先天原则的时候，二者的客观基础

① 金岳霖：《论道》，第14页。
② 金岳霖：《论道》，第15页。
③ 金岳霖：《论道》，第15页。
④ 金岳霖：《论道》，第15页。

又是什么呢？

实际上，金先生的整个《论道》元学体系的建构，在某种意义上看，就是试图解决这一问题。在《绪论》中，金先生主要从"事物之理"与"逻辑之理"的关系的角度作了概略的讨论。

金先生认为，从事物之理与逻辑之理的分别来看，"前者实而后者虚，前者杂而后者纯，前者总难免给我们以拖泥带水的感觉，而后者总似乎干干净净的"①，这主要是就历史事实、科学知识而言的。就此而言，"纯理"（即逻辑之理）的确是"虚的"，因为它不表示事实；同时，即使我们以逻辑的方式知道纯理，我们并不能因此而增加事实的知识。但是，就逻辑之理与事实之理的联系而言，逻辑命题尽管不表示事实，然而它不能不有所表示；逻辑命题虽然不表示事实，然而它肯定现实之不能不有，而事实只不过是现实之如此如彼，现实虽不必如此如彼，但现实不能不有。就此而言，"纯理不虚，不仅不虚，而且表示最普遍的道，最根本的道"②。换言之，逻辑之理是事实之理的前提和基础。

金先生从逻辑之理与事实之理的联系的角度，将逻辑之理视作事实之理的前提和基础是有其正确的一面的。从形式逻辑的角度来看，人们在交换意见、表达和论证思想的时候，要求概念与所表达的实际事物有一一对应的关系；用语言表达时，

---

① 金岳霖：《论道》，第16页。
② 金岳霖：《论道》，第17页。

也要求语言与事实之间有一一对应的关系。不论是中国古代哲学讲言意之辩，强调语言、概念与事实的一一对应关系，还是现代西方逻辑哲学的发展以及语言学的转向，强调逻辑、语言、事实的一一对应性，都表明事实的秩序、思维的秩序、逻辑的秩序有一定的对应关系，也表明在一定的论域里和一定的语境下，思维要遵守同一律而不能偷换概念。如果不遵守同一律，思想的论证和交换就无法进行。

值得注意的是，现代西方逻辑实证主义者都把逻辑、语言、事实的对应关系归结为"约定"关系，认为是人们约定的结果。金先生不赞成逻辑实证主义的"约定论"，而是强调和探寻其客观基础。当然，金先生在这里将逻辑之理归结为先天原则，同时又将逻辑之理视作事实之理的客观基础和前提，这无疑是形而上学的观点。不过，金先生后来改变了他的这一观点，而从客观事物的确定性的角度来讨论思维与事实的一一对应关系，亦即从客观事物的相对静止状态来说明概念与事实的对应性、一致性。这样无疑从根本上克服了"约定论"，相对科学地说明了形式逻辑的客观基础。

至于归纳原则作为接受总则，金先生将其视为"先验原则"，有受康德影响的一面，但也有区别。经验知识成为可能，不仅要有事实上的根据，而且要有理论上的担保，因此离不开归纳原则。金先生将归纳原则规定为一"如果——则"的命题，表明归纳原则作为接受总则，其中不仅有归纳，也有演绎，从而表现了思维过程中具体→抽象、特殊→普遍的思维路径，而这种思维路径中存在着思维上的跳跃，因此其结果需要验证。

如前所述，对归纳的结果加以验证，会出现两种情况，一种情况是出现 $\varphi(a_{n+1}b_{n+1})$，使结果得以加强；另一种情况是出现 $\sim\varphi(a_{n+1}b_{n+1})$，从而使 A_n、B_n 的结论被推翻。只有将这两种情况联系起来，才算是对归纳原则的完整表述。但这样一来，作为接受总则的归纳原则就不单是归纳或演绎，而成为归纳与演绎的统一。由此也表明，如果从认识论角度来考察归纳原则，它实际上就是用概念来摹写、规范所与时的基本原理，即接受总则。

金先生把作为接受总则的归纳原则视作"先验原则"的观点是否精当，是一个值得进一步讨论的问题。但是，如果从动态角度考察人类认识的具体过程，作为接受总则的归纳原则确实既有后验性又有先验性，是后验性与先验性的统一。归纳原则来自所与无疑有后验性，但当它作为接受总则用于所与时无疑又有先验性。人类认识就是不断从经验走向先验，又从先验走向经验的过程。人的心灵并不是一块"白板"，人的认识本身就是在经验与先验的反复过程中发展的。就此而言，金先生对归纳原则之作为接受总则及其作用的如上探索是有启发意义的。

同时，如果从动态角度来考察认识过程的辩证法，那么，人类认识过程无非是主观辩证法与客观现实辩证法的统一。归纳原则作为接受总则，以"得自现实之道还治现实"的方式，生动地体现着这种统一。因此，与客观辩证法相一致，认识不仅有相对静止的状态、有相对稳定性，也有对立统一和矛盾发展。所以思维按其本性不仅要遵守形式逻辑，概念要与对象有一一对应的关系；而且要遵循辩证逻辑，概念必须还要灵活运用。就此而言，金先生无疑更多地考察了思维的形式逻辑基础，考察了认识过程中静态的一面，而对思维的辩证逻辑基础以及认识的动态的一面有所忽略。但是，重要的也许并不在于结论，而在于如何提问、如何思考以及从什么角度出发。金先生对科学规律的普遍有效性亦即休谟问题的思考、探索，尽管还存在许多困难和问题，但他的这种思考和探索毕竟突破了西方经验主义、逻辑实证主义的理论视野，因此有着极为重要的理论意义。

第二讲 道——元学的题材

承上所述，金先生在《论道·绪论》一开始，就提出了"何为而作"的问题，那就是在新的历史条件下，对科学规律的普遍有效性的理论担保，亦即休谟问题，作出自己的探索，所以他写了《知识论》一书。但是，知识论有一个元学的根据问题，《论道》为何而作，首先就是要为知识论提供一个元学的根据。同时，金先生写《论道》一书的目的还在于会通中西，实现中国传统哲学的现代转换，以回应中国近代哲学的历史主题。

（一）从比较哲学的角度论"道"

进入近代之后，中国传统哲学面临着西方文化的挑战，如何直面西方文化的挑战，并在会通中西的基础上，实现中国传统哲学的现代转换，就成为中国近代哲学的历史主题，也成为中国近代哲学家所必须面对和回答的问题。金先生作为中国近代富于原创精神的哲学家也不例外，他通过自己独特的考察，提出了这样一种基本观点：当时世界上存在着印度、希腊、中国"三大文化区"，并且每一文化区都有其中坚思想，而每一中坚思想又有其最崇高的概念和最基本的原动力。其中，欧美的中坚思想也就是希腊的中坚思想，近代以来受西方文化的挑战，并急于要介绍到中国来的西方思想，从根本上说来就是希腊精神。印度文化的中坚思想就是佛教，它对中国文化有着深远的影响。中国文化的中坚思想就是作为最高境界、最崇高概念的"道"。

从比较哲学的角度来看，西方文化的中坚是希腊精神，而其最高概念是"逻各斯"。逻各斯虽然非常之尊严，但又难免使人在知识方面"紧张"和在情感方面不舒服。而作为中国思想的最崇高概念和境界的"道"，金先生虽然谦虚地承认自己没有专门研究过，但由于生于斯、长于斯，于是便在不知不觉中有了对此意味以及顺于此意味的情感，所以对于中国文化的中坚思想和最崇高的概念——"道"，金先生自认为在情感上还是有所体验的。

"道"是中国人最终的目标，最基本的原动力，成仁赴义都是行道，人生的目标也是修道、得道。尽管作为中国文化的中坚和最崇高概念之"道"，是儒道墨各家兼而有之的"不道之道"，并且由于"言不尽意"，所以儒道墨各家虽欲言但又不能尽此"道"，但它们却都以此为最终目标和最基本的原动力。这个"道"不仅是人生的目标，而且是万事万物所不得不由、不得不依、不得不归的动力、规律和最终的目的。对于这样的"道"，金先生承认站在哲学的立场上，用他自己的方法去研究，不见得能懂，也不见得能说清楚；但在人事的立场上，他又不能独立于自己，情感上难免以役于这样的"道"为安，思想上也难免以达于这样的"道"为得①。所以，金先生将自己的著作以《论道》命名。

《论道》一书一方面围绕着知识论要回答的问题——科学

---

① 参见金岳霖:《论道》,第20页。

规律会不会被推翻，或者说科学知识的秩序在理论上有什么担保。中国近代要发展科学，而要回答科学发展所提出的问题，又离不开元学的根据。另一方面，金先生也面临着近代以来，西方文化的冲撞、挑战问题。在三大文化里进行比较研究，并通过比较研究来会通三大文化传统，回应西方文化的挑战，无疑是一个十分重要的问题，也是每一个近代思想家所必须思考和回答的问题。"五四"时期的"东西文化"论战，集中地表现了这一点。金先生的《论道》元学体系所要解决的一个根本问题，也是这样一个问题。因为三大文化传统各有其最崇高的概念，西方文化以希腊思想为中坚，以"逻各斯"为最崇高概念，不论是古希腊时期，还是后来希腊精神与基督教的结合，都体现着"逻各斯"的尊严。印度文化则以"如如""真如"为最崇高概念，体现着佛学传统。"道"则是中国思想的中坚和最崇高的概念、最基本的原动力。这三者代表着三种不同文化传统，有着根本的区别。

近代以来，东方文化受西方文化的冲击，同时东方文化又给予西方文化以影响。最早对西方文化产生影响的大概是佛学。叔本华最先接受了佛学的"如如""真如"概念。从西方文化对中国文化的影响来看，中国人最早接受的是基督教与希腊精神相结合的《圣经》文化，由于中文没有与"逻各斯"相对应的词，所以就用"道"来对应"逻各斯"。比如，在翻译《圣经》时，第一句话就是"太初有道"，表现了中国人接受西方文化、会通中西的最初尝试。

金先生把"道"视为中国文化的中坚和最崇高的概念，并试图通过论"道"来会通中西，以回应西方文化的挑战，无疑表现出金先生对中国传统文化基本精神的深刻体认。如所周知，从源远流长的中国文化发展来看，儒道两家对中国思想的发展有着极为深远的影响，并构成了中国文化的思想基础。这一点是没有多大争议的。中国古代思想家或者偏向儒家，或者偏向于道家，但都未能彻底脱离儒道两家。佛学传入中国之后，经过长期的演化、发展，儒释道三教合一，也未能远离"道"这一中国文化的基本精神。墨学式微之后，造成了中国文化中形式逻辑思维的缺环，但如果要讲中国文化中逻辑思维的传统又离不开墨家传统，并且从晚清到近代，墨学开始重兴，所以金先生把中国文化的中坚和最崇高概念——"道"视为儒道墨兼而有之，这与他重视逻辑密切相关。

从"道"作为逻辑范畴的角度来看，中国传统哲学围绕着天人、名实等关系问题展开了激烈的论辩。就天人之辩而言，道家提出了自然原则，儒家与墨家相近，都提出了人道原则，但二者在对人道原则的理解上存在着细微的差别。不论是道家强调自然之道，还是儒墨强调人文之道，都离不开对"道"的思考和追求，所以从天人之辩看，自然原则与人道原则制约着中国哲学的发展。就名实之辩而言，道家主张"道常无名"，其贡献在于揭示了言意之间的内在矛盾；儒墨则强调"正名"，墨家的贡献在于发展了形式逻辑，儒家的荀子发展了辩证逻辑。因此，可以这样说，"道"作为中国思想的中坚和最崇高的概念，贯穿于儒道墨的思想之中，或者说儒道墨三家的思想围绕着"道"而展开并制约着中国哲学的发展。

概而言之，金先生从三大文化比较的角度论"道"，就是一方面在感情上维护自己的传统，另一方面在理论上为知识论找到元学的根据，这就是金先生对《论道》何为而作的回答。但是，这样一来他就碰到了一个理论问题：元学与知识论的关系问题。

(二) 元学的态度与知识论的态度

金先生在《论道·绪论》中曾明确地表示了他对于知识论和元学两种不同的态度。他认为，研究知识论，可以站在知识论的范围之外，暂时忘记自己是人而采取冷静的态度去研究。相反，研究元学虽可以忘记自己是人，但不能忘记"天地与我并生，万物与我为一"，即不能独立于自己，不能离开作为精神主体的自我。因为元学所探讨的就是"天地与我并生，万物与我为一""天人合一"的最高境界，所以，在研究元学时，尽管可以忘记自己，但无论怎样也不能独立于自己，独立于作为精神主体的自我，并且在研究的结果上，不仅要达到理智的了解，而且要求得情感的满足。因此，元学虽然可以另立名目，可以不用中国传统哲学的范畴，但这样一来，也许就不能"动我底心，怡我底情，养我底性"[1]，也不能达到元学建构的目的。所以必须用中国传统思想的中坚和最崇高的概念——"道"来表达自己的元学思想，因为"知识论底裁判者是理智，而元学底裁判者是整个的人"[2]。

---

[1] 金岳霖：《论道》，第21页。
[2] 金岳霖：《论道》，第21页。

基于对元学与知识论两种态度的以上区分，金先生的《论道》元学体系与他的《知识论》体系根本不同，不仅用《论道》作为他元学体系的书名，以"道"作为他元学体系的"总名"；而且还运用诸如无极、太极、数、理、势、情、性、体、用等其他中国传统哲学的范畴，并运用"旧瓶装新酒"的方法对这些范畴作了改造，以表达他的元学思想，从而表现出对自己文化传统维护和继承的理论自觉。

　　金先生试图通过区分元学与知识论两种态度来会通中西、继承和弘扬传统，并解决近代以来西方科学主义与人文主义的对立和冲突，但他的这种区分本身又是这种对立和冲突的反映。

　　如所周知，西方近代哲学的发展，基本上是沿着科学主义与人本主义两条不同的路径而双向展开的。当休谟把知识经验何以可能，以及这种可能性的条件和理论担保以极其尖锐的方式提出之后，就已经预示着科学与哲学的分离。西方近代科学技术的发展，尤其是资本主义生产方式所造成的科学技术对人的异化，使科学与人生相脱节，理智与情感不相协调，表现在哲学理论上，就是科学主义与人文主义的对立。这种对立，在一些主要的哲学家那里都有表现，他们或者偏向科学主义一边，或者偏向人文主义一边，但都试图解决这一问题。康德提出了"先天综合判断何以可能"的问题，在"纯粹理性"与"实践理性"、此岸与彼岸之间划界，同时又试图通过"审美理性"来打通此岸与彼岸之间的界限。正是在这种意义上，我们可以把康德视为西方哲学家中自觉意识到这种分裂并试图弥补这种分裂的第一人。

受西方哲学的深刻影响，中国近代思想家们也在科学主义与人文主义之间陷入了难以抉择的困惑和矛盾之中。王国维首先以"可爱"与"可信"的方式昭示了这种矛盾和困惑。在他看来，西方近代的科学主义、实证主义因其尊重和追求"客观知识"的实证精神，所以是"可信"的。但"可信者不可爱"，实证主义拒斥形而上学，拒绝涉足超验的领域，难免忽视了人的情感、意志、信仰和审美要求。相反，以叔本华、尼采等为代表的西方近代非理性主义思潮因其注意到人的情感、意志、信仰等要求而"可爱"，但"可爱者不可信"。西方近代以来科学主义与人文主义、实证主义与非理性主义的对立，实质上是近代西方科学与人生脱节，理性与情感不相协调的表现。王国维感到这一矛盾难以解决而产生了极大的苦闷，并最终放弃了哲学研究。

与王国维相似，金先生内心也存在着这样一个矛盾。表现在《知识论》上，受罗素等人的影响，承接其传统，采取理智的态度；而在元学上，则不仅要给知识论以根据，而且要继承和发扬自己的传统，这样就不能单凭理智，而要融入自己的真情实感，甚至整个人。区分元学与知识论两种态度，把自然和人生分开，分别加以研究，这既是金先生内心矛盾的反映，也是他解决自己内心矛盾的方式。

历史地看，发展科学，科学技术运用于生产过程，极大地促进了生产力的发展，所以发展科学是十分必要的。中国近代面临的一个极为重要的任务就是实现现代化，而要实现现代化又离不开发展科学。发展近代科学从理论上来说，就是要把认识与评价作相对的区分，对科学领域的东西，采取客观、理智、实证的方法加以研究，这在近代无疑是个巨大的进步。

虽然是一个巨大的进步，但同时却造成了另一种新的偏向，产生了新的问题，那就是科学与人生相脱节，理智与情感不相协调。中国文化与西方文化一经接触，就感到了这个问题。"五四"时期的东西文化论战、科学与玄学论战，集中地反映了这个问题。金先生试图用划分不同领域、采取不同态度的方法来解决这个问题。但在我看来，他的这种方法，仍然是把元学与知识论、知识与智慧相割裂，从而难以找到由知识到智慧、知识论到元学的桥梁，更无力解决科学与人生脱节的问题。马克思主义哲学传入中国之后，与中国传统哲学的优秀成果相结合，为解决上述问题提供了富有启发的新思路，但如何真正理解马克思主义的精神实质，并进一步与中国哲学的优秀传统相结合，又是一个有待于进一步深入研究和探索的问题。

(三)《论道》中的"道"

在我们对金先生《论道》一书何为而作的问题有一个基本的了解之后，还需要对《论道》中的"道"作一简要说明。

"道"是金先生《论道》一书的核心概念和最高范畴，也是他整个元学体系的代名词。金先生之所以用"论道"作为他元学体系的书名，按他自己的说法，那就是为了使他的元学体系更有"中国味"。

按金先生的理解，作为核心概念和最高范畴，"道"决不是"空"的，而一定是"实"的。但是，它又不是"呆板地实象自然律与东西那样的实，也不只是流动地实象情感与时间那样的实"①。所以，"道"既可"合起来说"，也可"分开来说"。"合起来说"的"道"就是自万有之合而言之，道一的道。这样的"道"是元学的对象，自这样的"道"观之，"则万物一齐，孰短孰长，超形脱相，无人无我，生有自来，死而不已"②。这样的"道"也就是中国哲学的基本精神。所谓"分开来说"的"道"，就是自万有之各有其道而言之道无量的道。从理论上来说，这种"道"即为分析之道、逻辑之道。金先生将"道"规定为"式"和"能"，其中"式"是纯形式，"能"是纯材料，二者都是最基本的分析成分，二者的综合为道，即"居式由能莫不为道"③。如果将现实的历程归纳为"道"，就是"无极而太极是为道"④。这就是金先生《论道》中的"道"的基本涵义。

从总体上看，金先生《论道》一书是一个严密的演绎体系，并贯彻着严密的逻辑分析方法。但是，当金先生将中国文化的中坚思想和最崇高的概念——"道"作为其元学体系的书名和中心范畴，并将"道"看成是既可以"分开来说"，又可以"合起来说"的时候，无疑体现了其对中国传统哲学基本精神的继承和对西方哲学的吸纳。因此，金先生的《论道》元学体系是在会通中西基础上的一个创造性体系，这一体系把中国

① 金岳霖：《论道》，第21页。
② 金岳霖：《论道》，第22页。
③ 金岳霖：《论道》，第48页。
④ 金岳霖：《论道》，第261页。

哲学提高到了一个新的高度。从中国近代哲学的发展来看，会通中西、实现中国传统哲学的现代转换是中国近代哲学的历史主题，但是，真正能够围绕这一主题而对中国近代哲学的发展作出创造性贡献的哲学家为数并不太多。金先生的元学、知识论和逻辑学相统一的哲学体系，既吸收了西方哲学，又贯注了中国传统哲学基本精神，所以，是一个会通中西的体系，也是一个创造性体系。特别是他的《论道》元学体系，在承继中国传统哲学基本精神的基础上，运用逻辑分析的方法，对中国哲学的"道"的逻辑特色作了深入细致的挖掘，从而把儒道墨思想中所蕴涵的哲学思维提升到了一个新的高度，构成了中国哲学发展的一个重要环节。这是金先生《论道》元学体系的理论贡献所在，有着极为重要的时代意义。

不过，金先生对元学与知识论两种态度的区分，受到了西方科学主义与人文主义相对立的深刻影响，他的这种区分并没有能够解决科学与人生相脱节、情感与理智不相协调这一时代所面临的问题，而只是对这一时代问题的理论反映。同时，过分注重逻辑分析的方法，过多的分析，就难免有可能导致对综合的忽视，而元学的领域就其本质而言，是"超名言之域"，这一领域仅仅凭逻辑分析是难以企及的。所以，从总体上看，金先生的《论道》元学体系并不是一个成功的体系。但是，重要的也许并不在于结论，哲学理论本身就是一个不断探索、不断尝试的过程。金先生的《论道》元学体系以其严密的逻辑分析方法，明确、清晰的概念、范畴体系、严格的逻辑推演过程，构成了中国近代哲学发展的一个必要环节，促进了中国传统哲学现代转换的历史进程。由此，我们也许可以得出以下结论：

其一，任何外来的东西，要在中国大地上生根、开花、结果，必须中国化，而真正的中国化就是与中国传统文化中的优秀成果相结合。不论是进化论思潮、马克思主义，还是实证主义等在中国近代的传播、发生影响，都说明了这一点。

其二，通过以金先生为代表的近代哲学家的努力，实证论、经验论和逻辑分析的方法已经深入人心，成为中国近代哲学的一个组成部分。这同时也说明，哲学理论的发展离开了逻辑分析的方法是没有前途的，哲学理论如果概念不明晰、命题不准确、逻辑不严密也是没有前途的。中国哲学由于墨学的衰微而导致了逻辑意识的不发达，所以中国哲学的现代化就必须经历这样一个环节。

其三，对于金先生的著作，我们尽管不一定接受他的观点、他的结论，但作为一种思维训练，却是必须接受的。经过这样一种思维训练，我们可以养成一种注重逻辑思维的习惯，这对于一个从事理论思维工作的人来说，是十分必要的，因为理论征服人的力量就在于其逻辑。

第三讲 道是式—能

(一) 道有"有"，曰式曰能

如上所述，按金先生的理解，"道"有两个最基本的分析成分：式和能，所以他的《论道》元学体系的展开，就是以对式和能的逻辑设定和逻辑分析为起点的。

金先生在《论道》第一章第一、二条分别指出："道是式—能"；"道有'有'，曰式曰能。"[①] 金先生这里的"有"是与"无"相对应的。在这一章的第六条，金先生又指出："道无'无'。"[②] 作为对"道"的基本规定，金先生对"有"和"无"作了这样的注解，他说："前面那个'无'字是普通有无的无，后面那个'无'字是不可能的无。""前面那个有就是普通有无的有，后面那个'有'是可能的有，最泛的有，最普遍的有。"[③] 换言之，金先生这里的"有"或"无"都是指一种最广泛、最普遍的"有"或"无"，亦即逻辑上的"可能"或"不可能"。对"有""无"范畴的这样一种用法，在中国哲学史上还是第一次。

金先生这样来讲"有"（being），有就既不同于现实、实在（reality），也不同于存在（existence）。在《论道》一书中，可能的有不一定现实，现实的、实在的一定有；实的是具

---

① 金岳霖：《论道》，第 23 页。

② 金岳霖：《论道》，第 29 页。

③ 金岳霖：《论道》，第 31 页。

体的，道是实的，共相是现实的，所以个体当然就是具体的、实的，个体虽然是具体的、实的，但具体的、实在的并不一定是个体的。个体因为有体所以是存在，现实的个体化就是存在。概言之，《论道》一书有严格的逻辑顺序：有→现实→存在，不能倒过来进。是个体的就是现实的，但现实的不一定是个体的；有不等于现实，现实也不等于个体。

（二）"能"

在第 1 章第 3 条，金先生具体分析了作为"道"的基本构成成分——"能"。金先生认为，对于"能"，我们可以在"宽义的经验"即包含有推论和想象的经验中抓住它。比如抽烟。一支香烟作为整体，当我们抽它的时候，这个整体就分解为烟、灰等等。其中烟飞到空气里去，而灰则经过多次转换之后，到土里与别的东西混合，甚至到别的植物中去了。在烟的这种变化中，有一个"x"不断地变更为烟、灰……"x"的这种不断变化，金先生在《势至原则》[①] 一文中称之为"殊相的变更"，其中不断变化着的"x"就是"能"。

除这种方法之外，金先生认为还有一种抓住"能"的方法，那就是"共相的抽象法"。仍以抽烟为例，如果把烟、灰都抽掉，就只剩一大堆"原子"；而把原子抽掉之后，剩下来的是一大堆"电子"；把电子也抽掉之后，剩下来的是"力"。

---

① 《势至原则》一文是金先生 1940 年 8 月提交中国哲学会第 4 届年会的论文，原刊于《哲学评论》，第 8 卷第 1 期，1943 年 5 月。参见《金岳霖全集》第 2 卷，第 355—374 页。在该文中，金先生主要以"抽象"的方法，讨论了"何以有现在这个世界"的"具体"问题。

原子、电子、力都是类，即共相，把这些类都抽象掉，并抽象到不能再抽象的程度，剩下来的就是"能"。能是共相的抽象过程中抽象不掉的，以及殊相变更过程中无法再变的"底子"，亦即存在的"质料"。

金先生以为，"能"是用来表示作为存在"质料"——"x"的一个很好的名字。因为它是活的、动的，而不是死的、静的。它有中国哲学所讲的"气"的好处，而没有西方人讲的"质料"的坏处，而且可以给"可能"以比较容易把握得住的好处。同时，这个"能"是不能够以语言传达的，因为语言所可以传达的是"共相"。所以，"在我个人，我可以说我得之于宽义经验之中。在别人，我就不敢说了。它也许是要所谓直觉才能够得到的"[①]。

金先生在《势至原则》中，对于"能"讲了3层意思，也就是3句话。第一句，说"能"是实质，认为可以用英文"substantiality"一词间接地表示，而不能用"substance"表示。因为西方哲学中"substance"表示有所谓或者说可以用概念去表示，而"能"则不同。尽管我们可以说能是实质，但并不能把"能"等同于实质那样的东西，而是说任何是实质的东西之所以是实质的，因为有"能"。"能"是其他有实质的东西的条件和根据；其他有实质的东西之所以有实质靠"能"，而"能"本身则无所靠。当金先生这样来理解"能"的时候，

---

① 金岳霖：《论道》，第 25 页。

"能"类似于中国传统哲学"气"范畴。① 再一句话说，"能"是活动。这里的"活动"，金先生认为也只能用英文"activity"间接地表示，用以表示"能"是主动的。能是"活动"本身，即能既是实体，又是活动，"能常动"。金先生的这个思想，类似于中国传统哲学"体用不二"的思想。还有一句话，就是"能"是潜能，认为可以用英文"potentiality"一词来间接地表示。在金先生的思想中，现实是可能与能结合而成的，所以能在现实世界、天地万物之中，很显然，既不能用现实世界去形容能，也不能用天地万物去规范能。金先生的这个思想是可以商榷的。

金先生注重于逻辑分析，对"能"进行了细致的哲学分析，认为是能与可能的结合才构成了现实世界。我的看法是，金先生在讲潜能时，只讲"potentiality"，而没有讲"activity"，是将潜能与活动割裂开了。实际上，活动总会有表现，感觉给予客观实在感总是离不开形形色色的现象。所以不论是用殊相的变更法，还是用共相的抽象法，最后所得到的纯材料，都既是表现、是潜能，也是活动，这种表现、活动也能为人所认识。而这种认识，归结到底，都要通过感性直观。同时，从认识论来说，实践活动总是可以提供实在感的，我们所要把握的每一条最基本的规律，都是在客观实在感中获得的。因为它是实在，总会有现实性，总会提供客观实在之体而为我们所把握。

当然，尽管由于注重分析，金先生有把潜能与活动、实质

---

① 参见《势至原则》，第369—370页。

与活动相割裂的倾向，但由于金先生强调"能"常动，强调体用不二，所以他对"能"的讲法，仍然是实在论的讲法，而且更符合于中国传统。我们知道，西方哲学所讲的质料都是静的、死的，亚里士多德就是这种讲法。冯友兰吸收了西方哲学的这种讲法，在其《新理学》中也将质料性的"气"看成是死的。与西方哲学的这种讲法不同，金先生强调"能"是常动的，这种讲法在中国传统哲学中一直占据着主导地位。不仅唯物论者如张载、王夫之等讲"气"是动的，而且唯心论者如程朱、陆王也主张"气"是动的。金先生对"能"这一概念的分析，有吸纳西方思想的一面，但本质上仍然是中国传统哲学的发展，这是我们在理解金先生"能"的时候所必须注意的。

（三）可能，式

在《论道》第 1 章第 4 条，金先生进一步分析了"可能"。他说："可能是可以有而不必有'能'的'架子'或'样式'；一部分是普通所谓空的概念，另一部分是普通所谓实的共相。"[1] 可能就是"样式""形式"即"form"，这个样式、形式可以有能但不必有能。这里所谓"可以是逻辑方面的可以，是没有矛盾的可以"[2]。而且作为逻辑上的"可以"，"可以"只有逻辑的意义，而无"逻辑系统"的意义。因为逻辑系统是逻辑的具体表现，逻辑系统的意义随逻辑系统而异，逻辑系统虽多但逻辑不二，所以虽然逻辑系统可以不同，但就逻辑的意

---

[1]　金岳霖：《论道》，第 26 页。
[2]　金岳霖：《论道》，第 26 页。

义而言，"可以"就是无矛盾。

那么，如何才能把握"可能"呢？金先生认为，"有可能"也是一句"宽义经验"，尤其是"官觉经验"和"知觉经验"①方面的话，因为对于经验，我们也有以"经验之道还治其身"的情形。具体东西的表现，使我们可以得到一种归纳方面的材料，这种材料就是各个体的共相。就归纳所得的各个体共相条而理之，我们就可以得到共相与共相彼此的关联，并以之规律或范畴以后的经验，这两个方面——一方面是归纳，另一方面是共相的关联，都给我们以"可能"的思想，都给我们以可以用"样式"来摹写可能，规范经验的思想。

金先生把"可能"视作可以有而不必有能的"样式"，也就意味着当可能之有能，样式为能所充实的时候，可能就变为"现实"。在《论道》第2章第1条，金先生明确地表达了这一思想："可能之现实即可能之有能。"② 按《论道》一书的逻辑顺序，先有"可能"，然后才有可能的现实为共相界以及共相的个体化。但是，如果我们从认识的秩序来看，或者从实在论、唯物论的角度来看，我们承认感觉能给予客观实在，客观实在进入感觉是通过实践来实现的，人们在实践中对经验加以归纳而有共相、共相的关联，并以之规范经验，我们的思维就能够把握可能，把握共相及其关联。按照这样一种认识的程序，我们要先讲现实，再讲可能，即将事实界的秩序条而理之

① 　金岳霖：《论道》，第27页。
② 　金岳霖：《论道》，第50页。

就把握了可能。可见，金先生所讲的秩序，只是逻辑的秩序，而不是事实的秩序。

与可能相联系，金先生在第1章第5条分析了"式"。金先生对"式"的规定是："式是析取地无所不包的可能。"① 这里的"无所不包"就是用"或"把所有的可能连续起来，这个"或"在逻辑上说，就是"可以兼"而"不必兼"，即或（1）或（2）或（3）或（4）……以至无限。这样就表示"能"可以套进（1）或可以套进（2）或可以套进（3）……单独套进可以，同时套进也可以，只要没有矛盾，这也就是逻辑的"必然"。

"式"作为可以有而不必有能的"样式""架子"，在金先生看来也是逻辑的泉源，这里的"逻辑"当然是指形式逻辑。把逻辑的根据归结于必然之"式"，这是现代西方哲学所谓语言学转向之后，讨论逻辑问题的方式，金先生对此无疑有所吸收。

（四）道是式—能

在对"能"与"式"分别作了分析之后，金先生又将二者综合起来，因为"道是式—能"，道是能与式的结合，二者是不可分割的，这就是第7条所表达的思想："无无能的式，无无式的能。"②

"无无能的式，无无式的能"，一方面是说式不能离开能，另一方面是说能离不开式。因为按定义，除式之外，没有可以

---

① 金岳霖：《论道》，第27页。
② 金岳霖：《论道》，第29页。

有能的"架子"或"样式"，所以能只能在式中。同时，能是不能"消灭"的，式中总有能，所以没有无能的式。能既总在式中，式不能无能，能也不能无式，所以没有无式的能。[1]

金先生对能与式不可分割的如上理解，实际上是在讲一种逻辑的必然，如同理与气、形与质一样，在中国、西方这一思想都存在，如朱子的"理不能无气，气不能无理"；亚里士多德的"形不能无质，质不能无形"。但是，正如金先生自己所强调的那样，他的"无无能的式，无无式的能"与朱子"理不能无气，气不能无理"，以及亚里士多德的"形不能无质，质不能无形"还是有区别的。尤其是"理不能无气""形不能无质"这一方面，很难让人想到必然，因为在朱子、亚里士多德那里，"理""形"都可以是空的。但在金先生那里，式决不能是"空"的，式不能无能是一种逻辑上的必然，更准确地说是一种形式逻辑的必然。实际上，不仅是在这里，整个《论道》一书，金先生对"必然"的用法都是很严格的，即在形式逻辑上使用的。在现代西方哲学中，许多哲学家除在形式逻辑上使用"必然"之外，还讲科学的必然。我们也更多讲科学的必然性。金先生不讲科学的必然，只讲逻辑的必然，科学之理他用"固然"。如果从形式逻辑的必然来看，确实是"无无能的式，无无式的能"。

《论道》第 1 章第 7 条之后各条，都是对"能"和"式"的具体分析。金先生的分析很细致，我们这里就不多讲。需要

----

[1]　参见金岳霖：《论道》，第 30 页。

注意的是，在第 12 条，金先生对理气先后问题的分析，有其独到之处，这种分析已经超越了中国传统哲学，尤其是朱熹以来对理气先后问题的争论，有着重要的启发意义。另外，在第 17 条，金先生对能与式的动静问题的分析，也有值得注意之点。在该条，金先生强调式常静，能常动，尽管这种强调是就《论道》体系本身而言的，但在我看来它包含着这样一个合理的思想，那就是能是常动的，但其表现形态、条理，又有静止、稳定的状态，思想要遵守形式逻辑，这也是不能否认的。至于形式逻辑的元学根据问题，是一个可以讨论的问题，中国人过去有所忽视，金先生第一个讲了，并强调思维离不开形式逻辑，这是中国近代哲学革命的重要环节，也是金先生对近代哲学的贡献。当然，正如金先生后来所意识到的那样，在《论道》中，他对问题的解决，是形而上学的，并改变了他的观点，认为形式逻辑有其客观的现实性的根据，这种讲法无疑是一种进步。因为形式逻辑作为一种思维形式，总是现实的反映，离开了与现实的关系，形式逻辑就无法理解。

从现实的根据来看，现实是绝对运动的，但在绝对运动之中，有相对静止的一面。现实本来如此，现实之流总有其各种表现形态、条理，有其相对静止的一面。现实既然如此，思维本身也是现实的一部分，思维形式与内容要有对应关系，要有相对静止的状态，否则就不能交流思想，形式逻辑有其现实的根据。这就是金先生思想中所包含的合理性。

值得进一步讨论和考虑的是，金先生的《论道》太偏重于形式逻辑，这样就造成了一个问题，即仅仅把道看成是能与式的结合，从而把活生生的现实之道形式化、僵化。比如，在第23条，金先生把道规定为"无动静，无刚柔，无阴阳，无显晦"①，这样的论题无疑是形式化的。当然，从式与能的角度来看，金先生认为："式刚而能柔，式阳而能阴，式显而能晦。"② 式无内外、无入出，而能常动、式常静，道作为式与能的综合，所以道无动静、无刚柔、无阴阳、无显晦。这在形式逻辑上是没有问题的。但这样一来，道就只成为能与式的形式化综合，成为形而上学的无矛盾的僵死的东西。这种道也与中国传统哲学所讲的道是有距离的。因为中国传统哲学讲道有动静，道有理，所谓"一阴一阳之谓道"。张载《正蒙》的第一句话就是："太和所谓道，中涵浮沉、升降、动静、相感之性，是生细缊、相荡、胜负、屈伸之始。"③ 都讲道的运动、变化及其内在矛盾，而金先生则过分强调形式逻辑，把道看成是静止的、冷性的东西。不过，后来金先生也意识到这一点，承认他的《论道》是一个形式化的体系。

　　总之，金先生《论道》一书一方面运用了非常严密的逻辑分析方法，从而使中国哲学达到了一个前人所没有过的新的境界，是中国哲学近代化以及中国哲学走向世界所必不可少的环节。从另一方面看，过分注重形式逻辑的分析方法，又造成了其《论道》元学体系的形式化局限。

―――――――――

① 　金岳霖：《论道》，第47页。
② 　金岳霖：《论道》，第45页。
③ 　张载：《正蒙·太和篇》，章锡琛点校：《张载集》，北京：中华书局，1978年，第7页。

第四讲　本然世界与可能底现实

　　《论道》第 2 章，金先生主要讲"可能"如何有"能"而现实化的。按《论道》的逻辑，能是潜能，是活动；能老有出入，能出为道、入为道，"居式由能莫不为道"，所以当能进入式，可能即现实化。这里需要注意的是，对金先生所提出的观点和结论，我们不一定要同意，但如何提出、思考和解决问题，却是我们应该学习的。因为任何哲学，重要的不在于几个结论、几个教条，而在于对人的思维训练。我们读金先生的书，目的也在于此。

(一) 本然世界是老是现实的"现实"

　　按金先生的理解，可能的现实即可能之有能，可能之有能而现实化即可能之有能而为本然界。那么，何为本然界呢？

　　金先生在《论道》第 2 章第 30 条指出："本然世界是老是现实的'现实'。"① 这里所谓"现实的'现实'"就是指曾经的现实和任何时候都现实着的可能，即现实了的现实。可能之所以有能而现实化为本然界，亦即可能之不能不现实，必然地现实，有其逻辑上的根据。这就是金先生在第 1 章所反复强调的，道是式—能，无无能的式，无无式的能是至尊无上的先天命题，它逻辑地保证着可能之不能不现实，本然世界必然地有。尽管从分析的角度来说，式与能可以分开来说，但不能分

---

①　金岳霖：《论道》，第 76 页。

开来有。研究"式"的学问是逻辑学，研究逻辑的时候，可以不谈"能"，因为我们所研究的是空架子，只要在消极方面我们能够表示逻辑命题之不能假已经够了。但是，我们所论的是形而上之"道"，我们不能不谈"能"，因为我们还要在积极方面表示逻辑命题之不能不真。

既然式不能无能，能不能无式；并且式表示逻辑命题不能假，能表示逻辑命题不能不真，所以能与式的综合为道是必然的，可能之有能而现实化为本然界也是必然的。其中变、时间、先后、大小等都是这本然世界的情形。

值得注意的是，金先生所谓的"现"并没有现在的意思，而只有现出来的意思；而"实"字也没有存在的意思，只有实在的意思。同样地，本然界作为老是现实的"现实"，只是说它是"实实在在现出来"的世界，而不必是现在所有的"这样的世界"。

(二) 本然世界是先验的世界

在金先生看来，本然界是可能之有能而现实化的结果。可能之有能而现实化为本然界，本然界就根本不同于可能界。但是，金先生又认为本然界也不同于现在所有的"这样的世界"，而只是"实实在在现出来"的世界。那么，这种"实实在在现出来"的世界究竟是一种什么样的世界呢？金先生进一步把这样的世界规定为"先验的世界"。

为了对金先生所谓"先验的世界"有一个准确的理解，我们有必要对金先生所谓"先天""先验"及其关系有一个基本的了解。

在《论道》第 1 章第 15、16 两条，金先生曾简略地论及先天与先验的分别。按金先生的理解，无论是先天还是先验，都没有"不从经验而来"的意思，也不能离开知识，或者先验而有。因为就"先天"而言，任何知识都来自于经验，任何知识也决不能先于经验而得，我们关于"先天"的知识本身也不例外。但是，"先天"之所以为"先天"，就是因为先天的知识本身虽然得自于经验，但先天知识的正确性却不靠经验，而靠逻辑上的必然性。所以逻辑命题都是必然命题亦即先天命题，逻辑的世界也是必然的世界亦即先天的世界。比如，"式无内外"就是一先天命题。我们把"式"规定为析取地无所不包的可能，所以式外无可能；式外无可能，当然就表示式外无式。同时，无无式的能，所以式外无能。既然式外无式，式外无能，所以式无外。式不仅无外，而且也无内，因为式无外本身就表示式根本无所谓大小。式虽无所谓大，但宇宙在式中；式虽无所谓小，但至小亦在式中，所以式无内外。

"式无内外"作为一先天命题，我们对其知识离不开"宽义的经验"，但这一命题的正确与否，却是我们的经验无法证实或证伪的。尽管如此，这一命题却是不能假必然真的命题，因为它有逻辑上的蕴涵关系，亦即逻辑上必然性的担保。

与"先天"不同，"先验"尽管也没有"不从经验而来"的意思，也没有先经验而有的意思，但又不是逻辑上的必然，我们也没有纯理论上的理由去表示。可是，只要我们承认经验，承认任何样式的实在，我们就免不了要承认"先验"；而且无论以后的经验如何，无论以后的世界如何，无论以后的实在如何，先验的命题总不会假。比如"能有出入"是这样一种先验命题，可能之有能而现实化为本然世界，就是这样一种先验的世界。

至于"先天"和"先验"、先天命题和先验命题的关系，金先生在第 1 章第 16 条也作了论述。他认为，先天命题和先验命题在《论道》一书中都是必不可少的。先天命题是必然为真的逻辑命题，它肯定可能必然地现实，现实不能不有，但它对我们现有的这样的世界却毫无表示。相反，先验命题虽然不是必然命题，也没有纯理论上的担保，但只要我们承认经验，我们也就必须承认这样的命题，并且这样的命题对现有的这样的世界有积极的表示，它们表示有时空、有变动、有个体……的世界是我们所逃不了的世界。

在第 2 章第 22 条，金先生进一步从知识论的角度，对"先天"与"先验"作了分析。他认为，从知识的对象着想，知识的对象总是"先"经验而"有"。金先生强调这里的"先"表示有知识的对象是知道对象的必要条件。从知识本身着想，知识总是来自于经验，这又表示没有经验我们就无从知道对象，即获得关于对象的知识。在这里，金先生无疑坚持了实在论和经验论的原则。从实在论的角度看，金先生肯定对象之有，并且把它看成是知识的必要条件；从经验论的角度看，金先生认为知识从经验来，没有经验我们无从知道对象。

以上是从知识的对象和知识本身来说的，就此而言，无所谓"先天"与"先验"的分别，因为在金先生那里，先天与先验都没有"不从经验来"或离开知识的问题。但是，如果从

"知识底正确性"这一方面着想，就有先天与先验之分。金先生从"知识底正确性"方面，对知识作了区分。首先，是关于特殊或个体事物的知识，这种知识在承认和肯定感觉能够给予客观实在的前提下，没有何以可能的问题。因为特殊的知识总是经验的，包括直接经验、间接经验以及历史的概括，如"清朝人有发辫"，都是后验性知识，这部分知识没有先天后天或先验后验的问题。其次，是对于普遍情形的知识，这些知识可以分为两部分，一部分是对于已往为真而对于将来不敢担保其亦真，这部分知识是后验性知识。另一部分普遍知识对于已往为真，对于将来，只要有经验，总有相应于它的经验，所以也是真的。这部分知识是用普遍命题表示的规律性知识，主要有康德所说的纯数学的知识、纯科学知识等。这部分知识由于涉及将来能否引用的问题，亦即其普遍有效性有无理论上担保的问题，所以属于先验知识。第三，在普遍知识中，还有一部分与将来经验之有无与否无关的知识，亦即将来无论有经验与否它总是正确的。这部分知识金先生称之为先天知识，并认为只有关于逻辑的知识才是先天知识。

从以上的分析不难看出，西方近代哲学，尤其是休谟、康德对金先生思想的深刻影响。从某种意义上说，金先生对先天与先验的区分，对普遍知识的有效性之理论担保问题的探索，实际上是休谟、康德思路的继续和发展。

在西方近代，随着自然科学的迅速发展，科学知识的普遍有效性何以可能的问题日益突出，休谟以怀疑论的方式首先使这一问题尖锐化起来。他认为，关于事实和存在的命题可以用试验来验证；关于数和量的抽象理论可以用逻辑来证明；而普通的科学理论即一般的规律性知识却既不能证明也不能证实，因而是可以怀疑的。休谟的怀疑把康德从独断论的迷梦中唤醒，但他并不同意休谟的结论。康德认为，应当肯定数学、物理学定理都是普遍有效的、必然的。为了对这些知识的普遍有效性作出回答，康德首先对构成知识的细胞——判断作了分析，认为判断按其是否独立于经验可以分为"先天的"和"后天的"两大类；按主宾词的关系又可分为"分析的"和"综合的"。分析判断因其是观念之间的必然联系所以具有先天性；综合判断因其宾词不包含在主词之内，所以不具有必然性。分析判断是必然的联系而有先天性，但不能增加知识；综合判断与经验相联系，可以扩大知识，但又不具有先天性。所以，康德认为，只有一种既与经验有密切联系，同时又具有必然性的"先天综合判断"，才是科学知识的基础。这样一来，科学知识的普遍有效性何以可能的问题，就转换成"先天综合判断"何以可能的问题。康德从先验逻辑的角度，对这一问题作了探索。

从总体上看，不论是休谟的怀疑论，还是康德的先验逻辑，都未能解决近代自然科学所提出的这一重大的理论问题。尽管如此，他们所提出的问题毕竟是近代科学、哲学所面临的重大问题，并产生了深远的影响。他们之后的重要哲学家都不能回避这一问题，无不讨论这一问题，金先生也不例外。从某种意义上说，金先生的《论道》元学体系和《知识论》体系都是围绕着这一问题展开的。

在《论道》中，金先生设定了作为道的两个基本的分析成分——式和能，并通过逻辑推演，得出了可能必然有能而现实化为先验的本然界。在《知识论》中，金先生又将"以得自所与者还治所与"视为历程，其结果是化本然为自然，化自然为事实。外界是本然的，本然的现实化为自然的呈现或所与，这就是官能的事，而知觉进而化所与为事实。所以可以经验的世界即自然界。

我不同意金先生把本然界看成是先验世界的观点，也不同意他对自然界的看法。我以为自然界就是本然的现实，即可以认识的世界；经验化本然界为事实界，事实界就是经验中的自然界。具体来说，经验化本然的现实为事实界，由事实界的联系而有可能界，可能界与人的需要相结合而有价值界。本然界、事实界、可能界、价值界一起构成了自然界。这就是我的基本观点，这一观点我在《认识世界和认识自己》一书中有进一步的展开，请参阅。

(三) 现实世界的秩序

承上所述，在金先生看来，可能之有能而现实化是必然的，可能之有能而现实化即为本然界。本然的世界或现实世界作为先验的世界，并不是杂乱无章的，而是有其秩序。那么，现实世界的秩序从何而来呢？

按《论道》的逻辑，现实的本然界是可能有能而转化来的。换而言之，《论道》是从"可能底现实"来讲现实世界秩序的。从可能的现实来说，可能在"式"中，式是析取地无所不包的可能，这实际上是用式、用可能界来解释现实世界的，这种解释在理论上同柏拉图主义相似，也颇相似于罗素早期的观点。但与罗素不同，罗素不讲共相的世界，认为共相"潜存"于具体和个体的领域。金先生认为有"式"即可能的世界，在此领域中，共相一排排一排排地坐着，所以在总体上仍然与柏拉图的理念论相类似。

正因为金先生是从"可能底现实"来讲现实世界秩序的，所以金先生尽管承认本然世界是新陈代谢、不断变化着的世界，但又认为本然世界的变化的动因在"能"，也就是说可能或式是不变的，变只是能的变。他在第 2 章第 13 条中指出："变是一现实的可能"[1]，"变当然不是可能底变，因为可能无所谓变与不变，即'变'这一可能也无所谓变与不变"[2]。"好像'动'一样，动的东西固然动，而'动'这一可能不动；扰万物者莫急于风，而风这一可能不扰万物。"[3] 金先生的这种观点，无疑与朱熹、冯友兰十分相似。按朱熹的看法，动有动之理，气按动之理变化，但动之理本身不动。他们都是用静止的观点来描绘运动。

在第 2 章第 12 条，金先生还指出，变是能出入于可能的活动，能之出也必有其入，其入也必有其出，"出入之间就有轮转现实底可能与轮转现实的可能"[4]。比如一个苹果由绿变成红，一个鸡蛋变成小鸡等，都是用静止的观点，从共相的轮

---

① 金岳霖：《论道》，第 60 页。
② 金岳霖：《论道》，第 60 页。
③ 金岳霖：《论道》，第 60 页。
④ 金岳霖：《论道》，第 59 页。

转现实来描绘变化现象，这种描绘不仅难以揭示生动的运动变化之流，而且也未能揭示出运动变化的内在根据。

总之，金先生从"可能底现实"来讲现实世界的秩序，把"式"看成是析取地无所不包的可能，在"式"中，所有的可能都用"或"相连接而有必然的关联，即逻辑，由此决定着可能必然地现实。但是，由于在"式"中只有必然的关联，其他联系或关系都被排除；只有必然的可能必然地现实，其他可能不会现实，这种可能尽管是必然的，但却只是可能而已，并且对生动的现实之流也是缺乏解释力的。同时，金先生把可能的关联看成是必然的关联，把共相的关联看成是现实的关联，共相的现实关联是可能之有能而现实化之后才有的，这样金先生无疑承认了可能是一个"超验（transcendent）"的领域。承认有一个超验的领域，实际上就等于承认了"彼岸"。那么，如何从超验的领域过渡到现实的领域、从彼岸过渡到此岸？其过渡的桥梁又是什么？

从哲学史上看，只要是承认有一个超验的彼岸世界的哲学家，都必然的面临着这样一个问题。柏拉图在提出了超验的"理念"世界之后，由于找不到从超验的彼岸向现实此岸的过渡的桥梁而走向神秘主义。康德试图通过"审美理性"来打通此岸与彼岸的鸿沟也未能获得成功。朱熹碰到这一问题之后，一方面认为太极是造化之本，是寂静空灵的世界；另一方面为了说明太极如何化生万物，又承认太极有动静。但太极有动静就不是寂静空灵的世界。这种理论有着明显的矛盾，从而受到后来哲学家的批判。冯友兰试图采取所谓"过河拆桥"的办法，来回避这一问题。但是，正如前面所反复说明的，只要是承认了有一个超验的彼岸世界，这一问题就回避不了，冯友兰的办法也未能解决这一问题。金先生的解决方式如上所述，他承认现实是运动变化的，但变本身不变，变的可能不变。至于如何由不变到变，金先生用能有入出、能常动来解释。这种解释从本质上来说，是一种二元论的解决方案。可见，无论哪种解释，都有其难以自圆之处。金先生后来也意识到了这一点，在《势至原则》一文中，有了更多的唯物论的东西。但是，承认超验的领域，在理论上总是有困难的。

我们的基本观点是：不承认有超验的领域，认为可能界与事实界是不可分割地相联系着的，但这需要作出说明和论证。

从人对世界的认识过程来看，正如马克思所说，"外部自然界的优先地位"① 总是始终保持着，自然界在人类出现之前便本来存在着，有了人类精神，自然界也始终保持其本原、第一性的地位。但是作为人类认识最本质的基础，并不是赤裸裸的自然界（本然界或自在之物），而是相对于人，由于人的活动而改变着的自然界，即为我之物。因此，人类认识世界就是不断地化自在之物为为我之物的过程。作为这一过程的起点，就是感性的实践活动。在实践活动中，人们获得了对象的客观实在感，形成全部知识大厦的基石；同时，也是在实践基础上的感性直观中，人们取得所与，进而形成抽象概念，以得自所

----

① 马克思、恩格斯：《德意志意识形态》，《马克思恩格斯选集》第 1 卷，北京：人民出版社，1995 年，第 77 页。

与还治所与，于是就化本然为事实。事实界是知识经验的领域，也是事与理、殊相与共相的统一。人们根据事实界事与理、殊相与共相的多种多样的联系，进而使自己的思维超出现实的领域，进入可能界。可能界是可以思议的领域。人把有利于自己的可能性作为目的来指导行动、改造自然，即把现实的可能性与人的社会需要相结合，使自然人化，就创造了价值，进入了价值界。所以，人在实践的基础上化自在之物为为我之物的过程，不仅有事实界、可能界，而且有价值界，这是从人对世界的认识的角度考察现实世界的秩序，以及从现实出发考察可能的讲法。这种讲法的目的不在于构造一个本体论的体系，而在于探讨智慧的学说，即关于性与天道的认识理论，或者说给本体论以认识论的根据。

当然，从人对世界认识的角度来考察现实世界的秩序，从现实出发考察可能界，就需要区分现在的有、过去的有、可能的有，并正确处理三者的关系。现在的有包括现实事物及其联系，它就像孔子所说的，"逝者如斯夫，不舍昼夜"[1]，源源不断奔流前进：往后看，现在的有不断成为过去；向前看，现在的有不断奔向未来。对于现在（即"今"），正如李大钊说的，不能把时间看成一条线，也不能把"今"看作过去和未来之间的一个点（这样的话，今就没有长度），而应把今看作与人现实的实践、经验相联系着的，它纳过去于今，胎未来于此。所

---

[1] 《论语·子罕》

以，就过去者来说，过去的有"已然则尝然，不可无"①，因为它与现在相联系着。就未来者来说，未来的有是可能的有，可能的领域十分广泛，它不同于事实界，是可以思议的领域，或者说它不限于现在的和尝然的事实，而包括幻想的和未来的有。然而幻想也是从现实中产生的，未来也是从现在的有中孕育出来的。未来的有之所以称之为可能的有，正是因为它与现在和过去是相联系的。

从这样一种角度来理解"有"，理解事实界与可能界的联系，一方面避免了对超验领域的设定以及由此造成的理论困难，另一方面这样的可能界也就不是静态的、没有变化的，可能界本身也处在不断的流变之中。现实按"并行不悖而矛盾发展"的基本原则和一般秩序而不断运动变化，可能界依存于现实，是由现实事物之间的联系所提供的，所以现实的一般秩序和基本原则不仅贯穿于事实界，也贯穿于可能界，从而使可能性因与现实之间的不同联系而分为不同的层次。

首先，可能界排拒形式逻辑的矛盾，并因遵守形式逻辑的同一律而有意义，从而把可能与不可能区别开来。这一点，我主要接受了金先生的观点。金先生在讲可能界的时候，也强调可能界尽管无限广大，但可能界是可以思议的领域，因其排除形式逻辑的矛盾而有意义。但金先生离开事实界与可能界的联系讲可能界，所以只承认可能界遵守形式逻辑的同一律而并行不悖，不承认矛盾发展。我对金先生的观点作了发展，从事实

---

① 《墨子·经说上》

界的多种多样的联系中讲可能界，这样，事实界的基本原则和一般秩序贯彻于可能界，可能界就不仅是并行不悖的，而且是矛盾发展的。

其次，事实界的联系是多种多样的，有本质的联系、非本质的联系，有必然的联系、偶然的联系，有内在根据、有外在条件。受此制约，可能界的可能性是多种多样的，不能一视同仁。首先要区分本质的联系与非本质的联系，并据此区别具体的、现实的可能与抽象的可能。尽管非本质的联系也是客观的，抽象的可能性也是有意义的，但从认识论的角度看，要重视本质的、规律性联系及其所提供的可能性即现实的可能性。因为这种可能性与现实事物有本质的联系，并可以合乎规律地由可能化为现实。不过，本质联系所提供的可能性是复杂的，因为本质有不同的层次，而且本质本身也是矛盾发展的。物质世界分化为各种运动形态、各个发展过程，各个发展阶段，都各有其特殊的本质，其层次是不同的。在不同的结构、系统中间，同一事物处在不同的条件下可以有不同的现实的可能性，对这些不同的现实的可能性也要作具体分析。

第三，就特定的发展过程来说，我们在考察本质联系或规律性联系的时候，还要区分内因和外因、根据和条件。内因和外因、根据和条件尽管是互相联系并可以相互转化的，但把握事物的内在根据更为重要。一种运动形态、每一运动过程，总有其内在根据，这种内在根据所提供的可能性就是潜能。

可能与实在、潜能与现实在哲学史上，许多哲学家都认为是两对范畴，可能是大范畴，潜能是小范畴。但是，任何一种可能都是对象的内在根据即潜能所提供的。中国哲学家过去讲的"才""材质""性能"主要指潜能。潜能在一定的条件下能发展成现实的事物，比如，给种子一定的温度和湿度，就能抽芽、长苗。我把可能与实在、潜能与现实看成是辩证统一的，作为两对范畴，二者是有区别的，但也有统一性。具有内在根据的可能性即是潜能，潜能在条件具备时便自动化为现实。

第四，事实的流变是矛盾发展的，其动因就是内在根据，而内在根据本身也是包含有矛盾的，这种矛盾有不同的形态，每一形态本身又有其动因，构成其根据。由于根据和条件是可以互相转化的，从而又提供了各种不同的可能性。所以，要区分主要的和次要的、占优势的和不占优势的可能性。

第五，人类的理性把握了各种可能性，并与人的需要结合起来，形成理想和目标，规定人们的行动，通过实践使人的目标、理想得以实现，创造了价值。价值界是现实的可能性与人的社会需要相结合的产物。

以上，就是我们从人对世界的认识出发，亦即从现实出发讲可能的路子。从这种路子出发，我们否认了有一个超验的彼岸世界，而是承认作为自在之物的自然界即本然界的"优先地位"。但是承认本然界的优先地位，并不等于承认本然界是一超验的彼岸世界。从人对世界的认识的角度来看，自在之物与为我之物并无原则上的差别，它们都是统一的物质世界。它们的区别只在于自在之物尚未进入人的认识领域，属于"必然王国"的范围；而为我之物则进入了人的认识领域，逐步走向"自由王国"。人类认识的本质，从一定意义上说，就是不断化自在之物为为我之物、从必然王国走向自由王国的过程。这种过程首先便是化本然界为事实界，然后根据事实界的联系进入可能界，再根据各种可能性并与人的需要相结合，在实践中创造价值，进入价值界。价值界是人化的自然，同时也是人道的自然化。当人的劳动、社会生活所建立的秩序与自然界的秩序相一致而又不违背人的自然本性时，也就达到了人与自然的统一，获得了自由。这就是我在《认识世界和认识自己》一书中所展开论述的观点，也是我对金先生基本观点的发展。

第五讲　现实并行不悖

《论道》第 2 章，金先生主要讨论了"可能底现实"问题；第 3 章，金先生主要讨论了"现实底个体化"问题。可能有能而现实化，现实的本然界还要进一步具体化、分解化、多数化，即个体化。现实底个体化，首先面临的问题，就是"现实底原则"。

(一) 现实的一般原则

按金先生的理解，现实的本然界是可能之有能而现实化的结果，所以本然界并不是没有理性、杂乱无章的世界，而是可以以理通、以理去了解的世界。之所以如此，是因为现实的本然界有其最一般的秩序和最基本的原则。

《中庸》曾有"万物并育而不相害，道并行而不相悖"的观点。金先生在《论道》中对此作了全新的解释，认为"现实并行不悖"是一现实的根本原则。

金先生在《论道》第 3 章第 1 条，从两个方面对"现实并行不悖"的原则作了分析。首先分别地讨论了"并行"与"不悖"。其次综合地讨论现实并行而不悖及其意义。

就"并行"而言，金先生运用反证法作了论证。他认为，如果假设现实不并行，那么只有 3 种情形：或者"不并不行"，或者"并而不行"，或者"行而不并"。这 3 种情形的任何一种，都有悖于现实之道，所以只有"并行"才"不悖"。就"不悖"本身而言，金先生认为可以从积极与消极两方面来说。

从消极方面来说，"悖"就是指不合乎"道"，"不悖"就是指"合乎""道"，只要现实并行是合乎道的并行，它当然是不悖的，也不能悖。从积极方面来说，"道"的不悖可以完全是逻辑问题，而现实的不悖则有时间与秩序问题，它表示"在任何时期，同时期的现实要彼此不悖，后此时期的现实要不悖于此时期及前此时期的现实"①。也就是说具体的现实在空间上有其广延，在时间上有其绵延，但又并行不悖有其一般的秩序，如"日月代昭，四时错行"。

综合地看，现实并行不悖更是一条十分重要的原则。从消极方面说，悖就是不合乎道，并行不悖作为现实原则，引用到事实上去，就等于说没有不相融的事实。所谓"事实相融"就是说如果有两件事实，我们用两个命题分别地表示它们，它们绝不至于会有逻辑矛盾。这也表明，现实并行不悖不仅是"现实底原则"，而且是事实界的根本原则，是任何人都要引用的原则，"侦探引用它，法庭引用它，科学家也引用它"②。从积极方面来说，现实并行不悖的原则表示本然世界不是没有理性的世界，而是"能以理通，能以理去了解的世界"③。这同时也意味着现实有其并行不悖之道，有一种自然均衡（即天均）的秩序，从而为主体以现实之道还治现实提供了前提，而这种秩序也就是归纳与演绎所能把握的秩序。

可见，"道并行而不相悖"的思想自古有之，金先生的贡

---

① 金岳霖：《论道》，第 79 页。
② 金岳霖：《论道》，第 80 页。
③ 金岳霖：《论道》，第 79 页。

献在于对这一思想作了系统的阐发和精致的哲学分析，使其具有了全新的意义。这既是中国传统哲学现代转换的必要环节，也是中国哲学走向世界的必由之路。

（二）现实底具体化

并行不悖是现实的原则和最一般的秩序，按照这一原则和秩序，现实必须具体化。同时，也正因为现实的具体化，并行不悖的现实原则才得以实现，或者说现实的具体化是并行不悖的现实原则得以实现的方式，二者是互为条件的。但这里首先面临的是何为"具体"的问题。

金先生指出："普通所谓具体是与抽象相反的。它有两成分：（一）它是可以用多数谓词去摹他底状的，（二）无论用多少谓词去摹它底状，它总有那谓词所不能尽的情形。……它有那非经验所不能接触的情形，而这情形就是普通所谓'质'、或'体'、或'本质'、或'本体'。"① 在这里，金先生涉及了一个任何哲学、任何哲学家都无法回避而必须回答的问题，即抽象与具体、一般与个别的关系问题。按金先生的上述理解，"具体"首先是与抽象相反的东西，但具体之为具体又离不开抽象，其中可以用多数谓词去摹状的成分，就是抽象的成分，即共相或共相的关联。但是，具体作为与抽象相反的东西，其不同于抽象的所在，就是因为具体的东西中还有谓词所不能穷尽的成分，即"质"或"体"或"本质"或"本体"，亦即"能"。

金先生对"具体"的这种理解，就其体系本身而言，无疑

---

① 金岳霖：《论道》，第82—83页。

是一贯的，即从可能与能的结合来理解"具体"，这种理解从本质上说是从抽象的角度来理解具体的，有着分析哲学的深刻影响。

基于对"具体"的这种理解，金先生在第3章第3条对现实底具体化作了规定，他说："现实底具体化是多数可能之有同一的能。"① 现实底具体化既然是多数可能之有同一的能，这无疑意味着现实底具体化是并行不悖的现实原则得以现实的方式。因为"本来不相关联的可能，现实具体化后，它们可以关联起来而不悖；本来不能同时关联起来的可能，现实具体化后，可以在不同的时间关联起来而不悖"②。

在金先生看来，现实不仅有具体化的问题，而且有个体化的问题。现实的个体化就是"具体底分解化、多数化"③。所谓"具体底分解化、多数化"，可以理解为具体的现实分化为各个领域的各种运动形态、各个发展过程、各个东西、各种事体。一方面，现实并行不悖的原则贯彻于具体化、个体化的现实世界，从而使现实世界成为可以以理通，以理去了解的世界，亦即有了归纳与演绎所能够把握的秩序；另一方面，现实的具体化、个体化又使现实并行不悖有了实现的方式。二者互为条件，构成了纷繁复杂、丰富多彩的现实世界。

(三) 并行不悖是现实的基本原则和事实界的一般秩序

现实的基本原则是什么？事实界有无其一般的秩序以及这

---

① 金岳霖：《论道》，第82页。

② 金岳霖：《论道》，第83页。

③ 金岳霖：《论道》，第84页。

秩序是什么？这一直是哲学史上特别是近代哲学讨论的重要问题，金先生从现实底具体化、个体化的角度对并行不悖的论述，确实揭示了现实的基本原则和事实界最一般的秩序。因为并行不悖的原则不仅表明现实事物在空间上并存、时间上相继分化而并行不悖，而且表明事实界不违背逻辑而有自然均衡的秩序，由此决定着现实世界是能以理通、即能用理性去把握的世界。所谓用"理性"来把握，就是指能够用类、故、理等逻辑范畴来把握。具体来说，首先，它能"以类取、以类予"，通过种属包含关系，把握"整体是部分总和"的秩序；其次，没有无缘无故的事物，现实事物的存在都有其理由，都有其必要条件、充分条件，即所以然之故；第三，没有不相融的事实，现实事物各有其确实性，而确实性只能是统一的，而不能是多样的，它"独立于认识而然"，并构成了并行不悖的现实基础。确实性要求思维必须有确定性和一贯性，亦即遵守形式逻辑的思维规律。而转过来说，思维遵守形式逻辑的规律，也正是反映了现实事物的确实性，因此概念与现实事物有这样或那样的对应关系，而逻辑的客观基础即在于此，金先生强调现实并行不悖作为现实的基本原则的意义也在于此。

需要说明的是，金先生在提出现实并行不悖原则的同时，又提出了"现实并行不费"的原则。对于"现实并行不费"的原则，金先生在第3章第2条用反证法作了论证。他首先假设，如果现实不并行，那么只有3种现实方式：其一是"不并亦不行"，其二是"并而不行"，其三是"行而不并"。但是，这3种方式的任何一种，都会使可能的实现机会太少，或者说太费"能"和现实的机会。所以，只有现实并行，才能不"费"能和现实的机会，具体来说，"就是让同一的'能'同时套进许多相融的可能，异时套进许多不相容的可能"。①

对于金先生提出的"现实并行不费"的原则，我以为是值得讨论的；现实并行不费能否作为现实的基本原则，我认为也是可以争论的。因为，作为现实的基本原则，对现实来说，必须是充分而必要的，现实并行不费对现实来说，只是必要的，而并非充分的。同时，费与不费本身也正如金先生自己所说的那样，是"相对于我们一时的情绪"而言的。现实并行不费"不是先天命题，似乎也难说是先验命题"②。这样一种原则，显然不能与"现实并行不悖"相提并论，也很难说是一条现实的基本原则。与此相关联，我也不同意金先生把个体与具体分开来讲的观点，尽管就金先生的体系本身而言，这种区分也许是必要的，但在我看来，他的这种区分是很成问题的。因为一般而言，具体化也总是分解化、多数化的，具体的东西也总是要分解化为不同的运动形态、各个发展过程、无数个体（东西与事体），换言之，具体总是个体的。金先生把具体与个体、具体化与个体化区分开来，从而在对个体的理解上，产生了难以化解的理论困难。

金先生在第 3 章第 8 条对个体作了规定，他说："个体是一现实的可能。"③ 他在对这一条的注释里进一步指出："这里

---

① 金岳霖：《论道》，第 81 页。
② 金岳霖：《论道》，第 82 页。
③ 金岳霖：《论道》，第 86 页。

个体两字是所谓个体的'个体'，而不是这一个与那一个个体的'个体'。以'这'与'那'去表示的个体是具体的，不能下定义的，占特殊时空的'这个'与'那个'，所以它们不是此处所说的个体。此处所说的个体不是这个与那个底本身，而是它们之所以为个体的个体。"① 很明显，金先生所谓的"个体"无疑有两种，一种是这里作为"一现实的可能"的个体，亦即个体之所以为个体的个体或者个体的共相；另一种则是作为具体的个体，或者占特殊时空作为"存在"的个体。金先生对个体的这种区分，无疑割裂了共相与殊相、一般与个别的辩证统一关系，是一种形而上学的观点。并且，当金先生作了这种区分之后，如何将二者统一起来，这又成为他的理论体系所难以解决的问题。所以，我不赞成金先生把具体与个体区分开来的观点。与此相联系，金先生把具体与个体作了区分，所以认为并行不费是一"非常之重要的，普遍的"现实原则；而我则不主张把具体与个体区分开来，所以并行不费很难说是一重要的现实原则，在一定意义上，可以不谈这一原则。这是我要说明的第 1 点。

需要说明的第 2 点是，金先生在《论道》中只讲了现实并行不悖的原则，这是远远不够的，还必须讲矛盾发展原则。因为作为现实的原则，其作用就在于揭示运动、变化的现实之流，但如果只讲并行不悖而不讲矛盾发展，那便只是描绘运动、变化，而未曾揭示运动的内在根源和根据。比如《中庸》

----

① 　金岳霖：《论道》，第 86 页。

列举日月代昭、四时错行、万物并育等现象来说明并行不悖，但这种并行不悖、自然均衡的变化现象的根源何在？还需要深入把握其内在矛盾来解释。并行不悖是具体化、个体化的现实原则，但只讲并行不悖，现实有归纳演绎的秩序，并不能真正把握个体、具体之"体"。因为在知觉中对个体只是识别而已，而概念总是抽象的，所以要真正把握"体"，就不能停留在归纳演绎的秩序，还要进而把握现实的矛盾运动，或者说把握现实的辩证法的秩序。而对于实在之流、现实洪流的基本原则的完整表述，应该是"现实并行不悖而矛盾发展"。

"现实并行不悖而矛盾发展"作现实原则，它不仅生动地描绘了现实之流的运动、变化，揭示了运动、变化的内在源泉和根据；而且表明形式逻辑和辩证逻辑都有其客观基础。现实是并行不悖的，所以有归纳和演绎所能把握的秩序，这是形式逻辑的客观基础；现实是矛盾发展的，所以有辩证逻辑所能把握的秩序或者说辩证逻辑有其客观基础。中国传统哲学的特点之一，就在于把并行不悖或自然均衡与矛盾发展结合起来，讲"自然之和""太和之为道"。尽管在不同的哲学家那里，提出的观点、侧重点各有不同，比如有的提出了"相反相成"，有的强调"体用不二"，有的侧重于"理一分殊"，但都把自然的均衡看成是相对的、有条件的，并包含着差异、矛盾的对立统一的发展过程。金先生的《论道》偏重于讲"并行不悖"，而忽视了"矛盾发展"，这是其不足之处。但金先生明确地把"并行不悖"的原则提出来，并作了精致的哲学分析，这又是其特点和优点，过去没有如此讲法。《中庸》所讲的"道并行而不相悖，万物并育而不相害"是把二者混在一起讲的。金先生这里有了分别，有了逻辑的分析，这在中国哲学史上是第一次。

但是，金先生过于偏重分别的讲法、过于偏重逻辑分析，而逻辑分析的方法历来是一把双刃剑，过分精细的逻辑分析，有时会损害辩证的综合。实际上，对天道的认识，既离不开分别的讲又离不开综合的讲，逻辑分析与辩证的综合二者不可偏废。金先生过分注重逻辑分析而忽视辩证的综合，从而使他的天道理论带上了明显的形而上学色彩。

对于金先生天道理论上述特点的形成，我们既要结合中国古代的"大传统"来理解，但更重要的是要结合中国近代的"小传统"来认识，因为金先生毕竟是中国近代哲学家，他所要面对和回答的问题也必然是近代的。

中国近代哲学是中国近代社会的理论反映，中国近代经历了空前的民族灾难和民族危机，所以中国近代的思想家们首先是爱国者。他们或者面向自己的传统或者面向西方，前赴后继，英勇奋斗，寻找救国救民的伟大真理，都是要解救民族危亡，使中华民族自立于世界民族之林。

从表面上看，金先生如他自己所说的，是"哲学动物式"的哲学家，他所从事的事业也是纯而又纯的哲学理论的思考。但在实质上，他也面对着中国近代的问题，并试图回答这一问题，所不同的只是他要从哲学的角度予以回答，其目标是会通中西、实现中国传统哲学的现代转换，使中国哲学走向世界并站在世界哲学的前列。为此，金先生投入了巨大的精力，付出了艰苦的劳动。而这一切又是由巨大的爱国热情所支撑的。

由于中国近代特殊的历史境遇，对近代思想家来说，"为学与为政"的矛盾更加尖锐。金先生作为"庚款"赴美留学生，开始是学商业科的，后来改学政治学，就是试图从政治上回答中国近代所面临的问题。尽管由于种种原因，金先生转而研究哲学，表面上远离了政治，但他仍然十分关注政治，其政治热情仍然是非常高的。

对于中国传统哲学，金先生虽然没有作过系统研究，也没有写过哲学史，但他的国学基础是非常好的。他对老庄、儒墨很有体会，非常喜欢古诗词，而且自己写。他对传统哲学的许多看法，在他的学生的思想中得到了继承和发展。比如沈有鼎对墨家逻辑的研究，就没有人能够超过。金先生创建的清华哲学系以注重逻辑分析见长，对传统哲学也比较注重墨家。这就要求我们在研究金先生思想的时候，要注意他的学生的思想，透过和通过金先生的学生的思想，来了解金先生的思想。

从近代思想、文化的历史流变和哲学的流变，亦即近代的"小传统"来看，金先生的贡献首先在逻辑学方面。尽管金先生不满意自己的《逻辑》一书，但逻辑与方法论问题的讨论是近代哲学革命的一个重要方面。金先生的《逻辑》一书对罗素数理逻辑的系统介绍和逻辑哲学问题的讨论，构成了近代逻辑和方法论革命的一个重要环节。因为进入近代之后，中国人一旦接触到西方文化，就不能不意识到逻辑思维方式上的民族差异。严复是第一个认真比较了中西文化特点的人。在他看来，中国传统学术的一个重要弱点，就是概念不明确，逻辑不严密。中国人习惯于从"诗云""子曰"出发的经学方法，极易导致独断论的"师心自用"。这都是中国人长期不重视形式逻辑和科学方法的研究所造成的。而西方数百年来"学运昌明"，首先应归功于培根所提倡的科学方法。中国要自强，要发展科学，就必须重视逻辑和科学方法的研究。正是有见于此，严复翻译了《穆勒名学》、《名学浅说》等著作，系统地把西方的形式逻辑和实验科学方法介绍到中国。自严复之后，许多进步的思想家如梁启超、王国维、章太炎等，都很重视逻辑学的研究，强调要用近代科学方法来取代传统的经学方法。经过"五四"新文化运动，经学独断论受到猛烈冲击，民主和科学深入人心，西方近现代科学方法大量引入，胡适的"大胆假设、小心求证"的方法在当时更产生了广泛的影响。相形之下，这些研究和介绍都缺乏系统性，而金先生的《逻辑》一书则以系统的形态，不仅介绍了西方的传统逻辑，而且介绍了当时西方最新形态的数理逻辑，并探讨了一些最基本的逻辑哲学问题，其贡献无疑远远超过了同时代的哲学家。

认识论问题的讨论，也是中国近代哲学革命的一个重要方面。近代伊始，魏源重新对知行问题作了考察。他既反对理学空谈性理，也不满汉学专搞训诂，而主张接触实际，注重实践和观察，提出了"及之而后知，履之而后艰"的知识理论。后来，严复、康有为、谭嗣同、章太炎、孙中山都非常注重于认识论问题的讨论。一般而言，改良派强调知，以为首要的问题是开民智。严复曾指出"民智者，富强之源"①，在认识论上主张知先于行，并有经验论的倾向。而革命派强调行。章太炎提出了"竞争生智慧，革命开民智"②，初步具有了社会实践观点的萌芽。孙中山则在总结领导民主革命经验的基础上，提出了"知难行易"的"孙文学说"。但是，不论是严复还是章太炎和孙中山，都没有真正解决知与行、感觉经验与理性思维的关系问题，也未能建立具有近现代意义的知识论体系。

30年代，中国近代哲学的发展进入了创造体系的时代，一些主要的哲学家都开始尝试着建立自己的哲学体系。在认识论上，胡适讲实用主义，是经验论；梁漱溟讲王学和柏格森主义，是一种直觉主义；冯友兰讲新实在论、新理学，比较注重逻辑思维。但他们分别夸大了认识过程中的经验、直觉（意欲）或理智（思维）的环节，都不懂得认识的辩证法。在这些建立了体系的哲学家中，真正建立了具有独创性的知识论体系，并在认识论方面作出了杰出贡献的哲学家，仍然首推金先生及其《知识论》。

在洋洋70余万言的《知识论》一书中，金先生涉及到了近现代知识论的许多重大的理论问题。从这些问题的设定来看，金先生的知识论体系的许多重要概念和问题都是从西方引入的，但在对问题的讨论和解决上，金先生又吸收了中国传统

① 严复：《原强》，王栻主编：《严复集》第1册，北京：中华书局，1986年，第29页。
② 章太炎：《驳康有为论革命书》，《章太炎全集——太炎文录初编》第4册，徐复点校，上海：上海人民出版社，2014年，第184页。

哲学的优秀成果，并结合了中国近代哲学的发展。所以，金先生的《知识论》体系在当时不仅在中国近代哲学的发展中处于前列，而且在世界哲学的发展中也处于前沿。与同时代的哲学家相比，金先生的《知识论》体系是一个独创性的体系，并包含了更多的唯物主义和辩证法的因素，但由于分析哲学，特别是新实在论的深刻影响，它也不可避免地带有许多烦琐哲学的成分。解放后，金先生进行了真诚的自我批判，作为这种自我批判的理论成果，就是《罗素哲学》一书。在《罗素哲学》一书中，金先生运用自己初步掌握的马克思主义观点，不仅对罗素哲学作了清算，而且对自己哲学体系中的唯心主义、形而上学倾向作了反省，表现了真正的哲学进步。

不可否认，由于当时客观形势和客观环境，在《罗素哲学》中，金先生不论是对罗素的批判还是自我批判，都有过头和失实之处。但是，就这种批判的基本倾向来说，还是正确的。同时，金先生对自己以往思想的批判也是真诚的，表现出一个进步知识分子所应有的精神面貌。这就要求我们在研究金先生思想的时候，必须把他的前后期思想联系起来进行考察，这样就能把握金先生思想的全貌，也能动态地把握他的思想的不断进步的过程，从而加深对他思想的理解。

如果从这样一种基本的立场出发，那么，我们无疑会看到，从《论道》《知识论》到《罗素哲学》《客观事物的确实性和形式逻辑的头三条基本思维规律》，金先生都在关注一个哲学认识论的基本问题——形式逻辑的客观基础问题，并表现为一个不断探索而又不断进步的过程。具体而言，在《论道》和

《知识论》中，金先生注重于从纯思辨的角度，去寻找形式逻辑的客观基础，并将其归结于"超验"的形上学领域。在《罗素哲学》和《客观事物的确实性和形式逻辑的头三条基本思维规律》中，金先生放弃了其《论道》和《知识论》中的观点，而注重于从现实的客观事物及其"确实性"，来说明形式逻辑的客观基础问题，这在金先生的思想发展中无疑是一个巨大的进步。

最后需要说明的是，金先生在《知识论》中把知识的对象仅仅局限在"名言之域"，并对知识作了诸多的限制，但这并不意味着金先生放弃了"超名言之域"的探索。实际上，《论道》所探索的正是"超名言之域"，而且在《势至原则》一文中，金先生还初步涉及到了"名言之域"与"超名言之域"的关系问题。按金先生的设想，在完成了《论道》与《知识论》的撰写之后，接下来想写一本专论"名言之域"与"超名言之域"关系的著作，但苦于没有时间。解放后，由于客观情况的变化，金先生的这一设想没有能够成为现实，这不能不说是中国近代哲学的一个重大损失。

第六讲　现实底个体化

《论道》第 3 章在讲了"现实底原则"之后，讨论了现实的个体化问题。

(一) 现实底个体化

《论道》第 3 章第 9 条说："共相是个体化的可能，殊相是个体化的可能底各个体。"[①] 金先生认为，可能可以分为两类，一类是现实的，一类是未现实的。未现实的可能没有具体的、个体的表现，谈不上"共"的问题，所以不是共相，而共相就是各个体所表现的共同的、普遍的"相"，即个体化的现实的可能。

接着金先生讨论了共相和个体之间的关系问题。"共相当然实在，不过它没有个体那样的存在。"[②] 它是 real，所以内在于一类的个体；但不是 existence，所以超越于其个体，没有个体所有的时空关系，比如一本黄书在一张红桌子上，并不表示"黄"共相在"红"共相之上，在东边的东西比在西边的东西多，并不表示"在东"这一共相比"在西"这一共相多。一方面，共相超越它本身范围内的任何个体，另一方面，它又不能独立于本身范围内的所有个体。由前一方面讲，共相是超越的（Transcendent），由后一方面讲，共相是内在的（Immanent）。

---

① 金岳霖：《论道》，第 87 页。
② 金岳霖：《论道》，第 87 页。

在此需要指出的是，在金先生的著作中，概念范畴的运用十分严格、精确。"有"（being）、实在（reality）、存在（existence）都有严格的所指，"有"的含义最为广泛，对一般的可能就能说"有"，共相是实在的，个体是存在的，可能虽有而不实、共相虽实而没有个体的存在。经过金先生等人的努力，中国传统哲学概念含混的毛病得到了一定程度的克服，这是中国哲学近代化的一个重要侧面。

《论道》认为，共相包括性质和关系两大类。"分别地表现于个体的共相是现实的性质。从文字方面着想，这等于说性质是对于一个体所能用的谓词所表示的情形"[1]，"联合地表现于一个以上的个体的共相是现实的关系"[2]，也就是说，关系是对于两个或多数个体才能实现的可能。

在此基础上，金先生还讨论了"个体底变"的问题，说："本然世界无不变的个体。"[3] 个体的变有大变和小变的分别。大变是指一个体变成多数的个体，或变成另一个体；小变是指一个体变更它的某一方面的某种性质或某一方面的某种关系。《论道》既讨论大变，也讨论小变。

（二）个体世界和归纳原则

首先，金先生指出："个体世界不是无量的世界，而是有量的世界。"[4]《论道》第3章第18条说："在任何有量时间，任何

---

① 金岳霖:《论道》，第89页。
② 金岳霖:《论道》，第90页。
③ 金岳霖:《论道》，第91页。
④ 金岳霖:《论道》，第98页。

个体不小到不可以有内，不大到不可以有外。"① 从小的方面说，最小的个体，如现代物理学所说的电子，它的小不是无量的小，而是有量的小，比如我们能说它的半径是 2×10^{-13} 厘米，而有量的小就是可以有内的小。即使以后科学家发现了比电子"更小"的东西，情形仍然同样，因为以科学的方式得到的"更小"绝不至于小到不可以有内。从大的方面来说，最大的个体不大到不可以有外。例如现代天文学的"宇宙"，我们能够说它的直径是多少多少光年或多少多少公里，这就意味着它不是无量的大，而是有量的大，既是有量的大就是可以有外的大。总之，一时间的本然世界总是有量的世界，一时间的本然世界的容量也是有量的容量。一时间的本然世界总是有量的个体，无论如何大，不能无量的大，不论如何的小，不能无量的小。同时，一时间的本然世界所能容纳的个体的数目也不会无量。

其次，金先生讨论了有量的个体世界和归纳原则的关系。在金先生看来，有量的个体世界的理论十分重要，它构成了归纳之所以可能的本体论前提。"归纳逃不了由已经经验到未曾经验的推论"②。在任何时间，我们已经经验的个体的数量总是有限的，假如未曾经验的同类个体的数量是无限的，则无论经验如何推广或增富，二者的比例总没有改变，这比例不改变，经验虽然增加，知识不因此而丰富。可见，假如在任何有量时间，个体的数目可以无量，任何一种一类的个体的数目也

---

① 金岳霖：《论道》，第 98 页。
② 金岳霖：《论道》，第 99 页。

可以无量，则归纳就麻烦，也许根本就说不通。

归纳和有量的世界的关系问题，确实是一个重要的哲学问题，自休谟以来，不少哲学家都碰到了这样的问题。但是金先生对问题的提法却反映了一种静止的、形而上学的观念，即没有看到有量和无量之间的辩证法。事实上，在科学研究中，我们能够从一有量的世界中归纳出一些规律性的东西，这些规律性的认识在其适用范围之内具有普遍的有效性，比如，欧氏几何学和非欧几何学在它们各自的范围之内各有其无限的效力，因此，这里有一个从有量到无量的飞跃。

与此相关，金先生关于范畴的下述看法也同样缺乏辩证法的观点。金先生还说："普通的定义固然是范畴，归纳的概括（inductive generalization）也隐含一范畴。每一归纳的概括都同时蕴含一定义，从这一方面着想，只要那概括原来靠得住，以后也靠得住；视为定义它只有引用不引用底问题，没有为以后的经验所推翻底问题。"[1] 实际上，作为归纳的概括之所得，范畴来自认识的过程，随着认识本身的演变和发展，范畴必然要经历一个被抛弃或被改造或被代替的过程，而不像金先生所说的没有为以后的经验所推翻的问题。

（三）个体的尽性以及个体和整个本然世界的关系

《论道》第 3 章第 22 条说："一现实可能底个体底尽性是那些个体达到那一现实可能底道。"[2] 在这一条中，金先生区

---

① 金岳霖：《论道》，第 100 页。
② 金岳霖：《论道》，第 102 页。

分了宽义的性质即属性（Quality）和狭义的性质即主性（Nature）。举个例子来说，我这里一当前的个体是一张纸。它是"纸"，是"有形式的"，是"有颜色的"，是"长方的"，是"白的"，等等。就这个当前的无名的个体来说，"纸""有形式""有颜色""长方""白"等都是它的宽义的性质，即属性，可是从一张"纸"来说，"有形""有色"是一张纸的主性，而"长方"与"白"则不是。本条所谓尽性是就主性而言的。"纸"有定义，"纸"的定义牵扯到许多其他的可能；一张纸有性质，它的性质也牵扯到许多其他性质，"一张纸底尽性就是充分地现实它所牵扯的可能。充分地现实纸这一可能就是达纸之所以为纸的道"①。纸之所以为纸的道是分开来说的道，但不是分开来而有的道，因为，纸这一可能既在式中，它的定义既然牵扯到许多别的可能，它的现实就是许多其他可能的现实，所以，纸的道就离不开那唯一的道。

人当然也有尽性的问题，人的尽性牵涉到德性的问题，但在金先生的著作中，对这个问题探讨不多，这是一个缺陷。

《论道》第 3 章第 24 条说："每一个体都反映整个的本然世界。"② 每一个体均有一套特别的关系和性质，每一个体的性质和关系总要牵扯到别的个体的性质和关系，同时别的个体的性质和关系也牵扯到其他个体的性质和关系，由此类推，一个体的性质和关系牵扯到所有个体的性质和关系，这就是本条

---

① 金岳霖：《论道》，第 103 页。
② 金岳霖：《论道》，第 105 页。

所说的"每一个体都反映整个的本然世界"① 的涵义。

从上述观点中，金先生引申出如下看法，即认为个体方面的"无量"可以用两种方式来表示：（1）个体的性质和关系有无量推延的情形。因为一个体的性质和关系和所有其他的性质和关系有关联，所以，就会出现性质和关系方面的无量的推延的情形，假设 φ 为 x 的性质，说 x 是 φ 就是说 x 是 φ 等，说 x 是 φ 等就是说 x 是 θ 等，说 x 是 θ 等就是说 x 是 λ 等。（2）从知识方面说，如果我们要知道一个体的所有的关系和性质，我们得知道整个的宇宙。当然，这不是说，我们要知道一个体，就得知道整个的宇宙，这是两回事，不可不辨。由此，金先生得出了这样的结论："不完全的知识也是知识。知识离不了真命题。真命题底内容虽有贫乏与丰富底分别，而真命题底'真'没有程度高低底不同。"② 这就值得商榷了。金先生习惯于从静态的角度来分析知识，所以得出了真之为真没有程度不同的结论。但是，如果我们从动态的角度来考察认识的发展的话，我们就会发现，真理不是一成不变的。"真"与"真"是有区别的，随着认识的发展，我们可以从比较粗浅的、某一方面的"真"进到比较确切、比较全面的"真"，从科学知识的"真"进到关于性和天道智慧之"真"，显然，这里的"真"是有程度的差别的。

---

① 金岳霖:《论道》，第 105 页。

② 金岳霖:《论道》，第 107 页。

第七讲　共相底关联与逻辑秩序

《论道》第 4 章，金先生主要讨论共相的关联与逻辑秩序问题。

(一) 形式逻辑的秩序

在《论道》第 4 章第 1 条，金先生从"可能界"的立场，对"可能底关联"作了规定。他说："可能底关联有可能底关联。"[1] 在对这一条的注释里，金先生又进一步指出："可能底关联表示可能与可能之间有关联。可能的关联表示这关联之中有一部分是可能的。"[2] 这里涉及了"可能""不可能""必然"几个范畴之间的联系。

我们知道，在金先生的整个哲学体系里，"必然"都是形式逻辑上的"必然"，这里所讲的"必然"也不例外。如果把"必然"视为形式逻辑而非辩证逻辑意义上的"必然"，那么，"必然""可能""不可能"三者之间的关系，在金先生看来，就是："无必然即无所谓可能，无可能也无所谓必然，它们底关系似乎是以'不可能'为媒介。"[3]

在第 7 条，金先生又对可能、不可能、必然的上述关系作了进一步的展开。他说："逻辑底秩序是必然与必然之间的必然关联。它不能独立于必然的关联。可是，所谓必然的

---

① 　金岳霖：《论道》，第 108 页。
② 　金岳霖：《论道》，第 108 页。
③ 　金岳霖：《论道》，第 108 页。

关联，追根起来，就是可能与可能之间的一种特别的关联。"① 也就是说逻辑秩序不能独立于可能底关联以及可能与可能底关联。

金先生强调，逻辑底秩序作为"必然与必然之间的必然关联"，或者说逻辑底秩序不能独立于可能底关联以及可能与可能的关联，包括着两个方面的问题：其一是可能、不可能、必然之间的"三角关系"；其二是可能、不可能、必然之间因"逻辑系统"的不同而有差别。首先就可能、不可能、必然之间的"三角关系"而言，"无必然无所谓不可能，所以无必然也无所谓可能"②。因为这里的必然是形式逻辑的必然，可能是形式逻辑的可能，不可能也是形式逻辑的不可能。换而言之，不违背形式逻辑的矛盾律就是可能，违背形式逻辑的矛盾律即为不可能，按排中律即用"或"的方式将所有的可能析取地无所不包地排列起来就是必然。正是在这种意义上我们说，形式逻辑底秩序就是"必然与必然之间的必然关联"，在这种"必然与必然之间的必然关联"的逻辑秩序中，逻辑命题都是必然的，因为它列举了所有的可能，如 $P \vee \sim P$，排中律就是表示这种必然关系的；而 $P \wedge \sim P$ 是不可能的即矛盾的而被排除，因为矛盾是逻辑所要排拒的。

"逻辑系统"问题是现代逻辑所要讨论的一个极为重要的问题，在金先生心目中，是有不同逻辑系统的，并且由于逻辑

---

① 金岳霖：《论道》，第 117 页。
② 金岳霖：《论道》，第 117 页。

系统不同，在对必然、可能、不可能及其关系的理解上也相应地有差别。尽管承认有不同的逻辑系统，也承认在不同的逻辑系统中对可能、不可能、必然及其关系的表示方式可以不同，但金先生又认为，从客观上讲，有一点是确定的，那就是《论道》中所说的"式"穷尽了所有的可能，这是必然的；同时，式与能的结合为道，也是必然的，因为能不能逃于式，而式则是穷尽了一切的可能。按照这样一种观点，金先生以为逻辑系统可以不同，不同的逻辑系统也可以采取不同的表示方法，但逻辑命题的实质仍在于表示"必然与必然之间的必然关联"。从同一系统说，"$p \supset p$，$\sim p \vee p$，$p \vee p \cdot \supset p$，$p \supset q \cdot q \supset r$：$\supset \cdot p \supset r$，$p \supset q \cdot \supset \cdot \sim q \supset \sim p$，……都不同；从它们所表示的必然说，它们都是一样"①。从不同的系统说："$p \supset p$，$p \vee q$，$p \rightarrow q$，……都不同；从它们都表示必然，或表示同一原则这一方面说，它们也都是一样"，都表示必然之"式"②。

　　总而言之，在金先生看来，逻辑系统是可以"创作"的，人们可以创作出不同的逻辑系统，但无论如何创作，也无论创作出何种逻辑系统，它们归根到底还是要表示逻辑秩序，要表示必然，表示必然与必然之间的必然关联。也就是说逻辑系统可以不同，不同的逻辑系统也可以用不同的方法表示，但任何逻辑系统都不能独立于可能底关联，亦即不能独立于"式"。这就是《论道》对逻辑秩序的基本看法。

---

① 金岳霖：《论道》，第 109 页。
② 金岳霖：《论道》，第 109 页。

（二）共相关联之种种

《论道》第 4 章主要讨论"共相底关联"，在金先生看来，共相底关联虽然表现为种种复杂的情况，但以下 3 种是最主要的关联：其一，"共相底关联有可能的关联"①；其二，"共相底关联有现实的关联"②；其三，"共相底现实的关联表现于个体"③。

所谓"共相底关联有可能的关联"就是指共相的关联有"假设"和"定义"，共相底关联中的可能的关联就是"假设"和"定义"。知识底增加与进行靠这类可能的关联的地方，日甚一日。"科学底进步离不了假设与定义，所谓'创造的思想'（creative thinking）也离不了假设与定义，……不仅如此，我们依靠假设、定义、系统，及由它们所能推论得到的思想底程度也与日俱增"。④ 也就是说，根据共相之间可能的关联，人们可以提出假设，假设得到证实，就使知识增加、科学进步；同时，根据共相之间的关联，可以借助于定义用简单的概念来代替复杂的概念，并根据假设、定义和概念之间的联系，使每门科学成为演绎系统，现代的科学都是系统化的理论。这是从在对经验的概括中提出假设、依据定义来形成系统、推进科学发展的角度而对共相底关联有可能的关联的意义所作出的说明。

---

① 金岳霖：《论道》，第 119 页。
② 金岳霖：《论道》，第 121 页。
③ 金岳霖：《论道》，第 122 页。
④ 金岳霖：《论道》，第 120 页。

共相的关联有可能的关联，但可能的关联不等于现实的关联；共相底关联不仅有可能的关联，而且有现实的关系。对于共相"现实的关联"，金先生从知识与行为两个方面作了考察。

就知识来说，一切科学知识都在于对概念的运用，在于"共相底关联"，"这句话是科学底大本营"。① 因为科学本身就在于讲明"共相底关联有现实的关联"的道理，科学体系的假设、推论、算学公式等等之所以能致用的根据之一，就已经发现的普遍的真命题而言，这些命题所表示的就是共相与共相间的现实的关联。这是一方面。

另一方面，从行为方面来说，人们行为所遵循的原则包括科学之所证明的、经验之所发现的、为了种种目的或要求而发明的等等，都要求"共相底关联有现实的关联"。

共相有可能的关联，所以有表现如假设、定义、系统等，但这些表现只是可能的；共相有现实的关联，它是现实的，现实的关联总是表现于个体。"个体有性质，个体与个体之间有关系，性质有内在性，关系有关联。性质与关系既表现于个体，它们底内在性与关联也表现于个体。"② 因为它们表现于个体，所以凡是可以证实的命题都有个体的表现。他说："凡可以证实的普遍的真命题都表示有个体表现的共相底关联。不然观察与试验都说不通。"③ 就是说共相的关联有科学的假设、定义、系统的理论加以表现，它还要加以证实；不仅要加以证

---

① 金岳霖：《论道》，第 121 页。
② 金岳霖：《论道》，第 122 页。
③ 金岳霖：《论道》，第 123 页。

实，而且还有个体的表现，有个体的表现就是通过观察、试验来加以证实。"有些现实的关联离官觉中的个体非常之远，例如电子原子界底关联，但是，如果我们能证实电子与原子界有某种关联，某种关联至少就间接地表现于官觉中的个体。"①换言之，共相现实的关联要得以表现和实现，总离不开个体，总表现于个体。

除了以上所讲的3种最基本和主要的关联之外，金先生在第4章还具体分析了共相关联的其他情形，并在这一章的最后一条，即第24条得出结论认为："共相底关联有至当不移的秩序。"②

整个第4章，金先生都是在讲共相底关联，他首先讲了逻辑底秩序，然后讲了共相可能的关联、共相现实的关联以及个体化的表现，全章的层次还是比较清楚的。不过，我想提出一个问题供大家讨论。

在第15条，金先生提出了这样一个命题，"任何方面底秩序是直线式的秩序。"③他在这里讲到时间的秩序是不回头的直线式秩序，几何学的秩序也是不回头的直线式秩序。现代数理逻辑的秩序在一个系统来说确实是直线式的，比如罗素、怀特海的数理逻辑系统就是直线式的秩序。但是，说任何一方面底逻辑上的秩序是直线式的秩序，这样一种判断就有问题。当然，金先生也谈到了皮尔斯（Peirce），皮尔斯曾表示过如果

① 金岳霖：《论道》，第123页。
② 金岳霖：《论道》，第135页。
③ 金岳霖：《论道》，第127页。

我们抓一把沙，随便一扔，这沙也有一种秩序。所以，金先生也承认："也许有好些秩序，除时间的位置外，是回头的秩序，各方面底关联也许有回头的秩序。"[①] 可见，金先生的话是说得很活的。问题就在于承认"也许有回头的秩序"是一回事，强调有一种逻辑的秩序，即形式逻辑的表示的秩序可以用"直线式"这一形象化的手段来表示又是一回事。

如果我们承认辩证法的秩序也是一种逻辑秩序，那么，除了直线式的秩序之外，还有螺旋式的秩序。螺旋式的秩序既是前进的，同时也是回头的秩序。当然，在当时，金先生的心目中，只承认形式逻辑，他对必然、可能等范畴也都是在形式逻辑的意义上使用的。如果从辩证法的角度来运用这些范畴，情况就会有所不同。恩格斯在《费尔巴哈论》中谈到黑格尔"凡是现实的都是合理的，凡是合理的都是现实的"[②] 的命题时强调，现实性在其展开过程中表现为必然性。这里的必然性就不是形式逻辑上的必然，即不同于形式逻辑 $P \lor \sim P$ 那样的必然，而是辩证法的必然。

从辩证法的观点、发展的观点来讲现实的秩序，来讲发展的逻辑，那就是一种用比喻来说的螺旋式前进的无限上升运动，在这样一种永恒的运动、变化之流中，现实、可能、必然都是以条件为转移的。当然，为了交换思想，概念必须有相对稳定的状态，思维要遵守形式逻辑，不能偷换概念。可是，现

---

① 金岳霖：《论道》，第 127 页。

② 恩格斯：《路德维希·费尔巴哈和德国古典哲学的终结》，《马克思恩格斯选集》第 4 卷，北京：人民出版社，1995 年，第 215 页。

实是发展的，思维也要发展以表现这种变化，概念要有灵活的使用，要使概念成为灵活的、生动的、对立统一的。也就是说不能把形式逻辑和辩证法割裂开来，对立起来，使它们互相排斥，而正是要把它们统一起来，只有这样，才能真正把握现实世界的秩序。也正因为如此，所以我认为金先生第 15 条的命题是有问题的。从他当时的思想来说，他只承认一种逻辑秩序即形式逻辑的秩序，而没有把辩证法也看成是一种逻辑秩序，所以出现了偏差。不过，也不能走向另一极端去了，即只承认辩证法的秩序，而不承认形式逻辑的秩序，如果那样的话，也是要出问题的。过去一段时间里，我们对形式逻辑注意不够，但是对搞哲学的人来说，这方面的素养是不可缺少的。总之，形式逻辑和辩证法二者不可偏废，金先生当时有些偏，只承认有直线式的秩序，而不承认有螺旋式的秩序，实际上，二者是相结合的。

第八讲　关于时空与特殊

《论道》第 5 章，金先生主要讨论时空秩序与特殊的问题。相比较而言，这一章的内容不太容易理解，我这里主要讲两个问题。

(一) 时空秩序与有限、无限的问题

在这一章的第 1 条，金先生指出："现实的时空是个体化的时—空。"[1] 这一点，就金先生的体系本身来说，是不言自明的。因为其一，一可能底个体化非先现实不可，不现实不能个体化；其二，一可能底现实即一可能底时间化；其三，一可能底个体化首先必须现实化，一可能底现实即一可能底时间化，所以空间底个体化亦即时间底个体化。由以上 3 条便可以得出结论："现实的时空不仅不会不是个体化的时与空。而且不会不是个体化的时—空。"[2]

既然现实的时空都是个体化的时—空，那么，个体化的时—空以何为"关系者"呢？金先生在第 2 条指出："个体化的时—空底秩序以个体为关系者。"[3] 所谓"关系者"就是指关系的承担者，而时—空秩序的关系者就是指时间上的先后与空间上的左右、前后、上下等关系的承担者。金先生认为，对于时—空底秩序可以从不同的方面去理解，"从能这一方面着

---

[1]　金岳霖：《论道》，第 136 页。
[2]　金岳霖：《论道》，第 136 页。
[3]　金岳霖：《论道》，第 137 页。

想，时—空底秩序总是连续的或没有间断的连级的秩序。但是从个体方面说，时—空底秩序不是连续的连级秩序。"①

既然有两种不同的时—空底秩序，即连续的连级秩序和非连续的连级秩序，那么金先生何以要特别地提出"以个体为关系者"的个体化的时—空秩序呢？因为金先生是特别注重经验的哲学家，从经验的立场来看，我们在经验中所经验的时空都是充满着个体的时—空；同时，我们的经验也是依附于个体的经验。"为了便于了解起见，为了便于提出相对的时空起见，为了便于以后注重经验起见，我们要特别注重以个体为关系者的时—空底秩序。"②

以上，是金先生对时—空秩序的总体看法。下面，金先生提出了时面、空线、时点、空点等新的概念，建立了自己独特的绝对时空秩序的理论。

在第3条，金先生首先给"时面"下了一个定义，他说："在个体化的时—空中，任何时间可以渐次缩小，时面是这渐次缩小程序底极限。"③ 在对这一条的注释里，金先生进一步指出，个体化的时—空就是表示我们是从能够经验的时—空说起的，个体能够经验的时—空就是个体化的时—空；相反，无个体而仅有能的时间或空间也许不是任何个体所能经验的。

既然是从能够经验的即个体化的时—空说起的，那么在个体化的时—空中，提出一任何长短的时间，比如一年、一月、

---

① 金岳霖：《论道》，第137页。
② 金岳霖：《论道》，第137页。
③ 金岳霖：《论道》，第138页。

一日、一时等，我们可以用某种算学方式的方法，例如"日取其半"，把该时间渐次缩小，这缩小的程序无止境而有极限，这个极限就是时面。从理论上即思议上来讲，把时间渐次缩小，"日取其半"，这样到了无止境不能达的极限，也就没有时间的长度；尽管没有时间的长度，但却占有整个空间。所以在第4条的定义中，金先生指出："时面是无时间积量的整个的空间。"① 也就是说时面就是整个空间，在时间方面无大无小。时间有无量数的时面。

与时面相对应，金先生在第5条对"空线"作了规定。他说："在个体化的时—空中，任何空间可以渐次缩小。空线是这缩小程序底极限。"② 在对这一条的具体注释里，金先生进一步指出，在个体化的时—空中，提出一任何大或任何小的空间，用某种方式，例如在宽窄、厚薄、长短上各日取其半，我们可以把这空间缩小，这缩小底程序无止境而有极限，这极限就是空线。由于空线是一或大或小空间缩小的极限，所以空线无空间积量。空线虽无空间积量，但却占有整个时间。"空线是无空间积量的整个的时间。空间有无量数的空线。"③

以上两个方面是分别地论时面和空线，这两个方面综合起来，就是第7条的命题："任何时面与一空线仅有一交叉点，任何空线与一时面仅有一交叉点。此交叉点，为时点—空点。"④

---

① 　金岳霖：《论道》，第139页。
② 　金岳霖：《论道》，第139页。
③ 　金岳霖：《论道》，第141页。
④ 　金岳霖：《论道》，第142页。

由于"时点—空点"是任何时面与一空线或任何空线与一时面的交叉点；同时，一方面，时间无始终，所以两头无量，而空线既然是整个的时间所以也是两头无量的线，因此任何空线均有无量数的时点—空点；另一方面，就时面而言，问题尽管比较复杂，因为既有有量的时间也有无量的时间，有量的时间内空间是有量的，而只有无量的时间里空间才是无量的。但是，无论是有量的空间还是无量的空间，时面仍然有无量数的时点—空点。既然任何空线和任何时面均有无量数的时点—空点，所以便有第 8 条的命题："任何时面任何空线均有无量数的时点—空点。"[1]

在该章的第 9—11 条，金先生主要讲时面、空线、时点—空点的特点。时面、空线、时点—空点的特点概括起来说，就是"任何时面据而不居，往而不返，任何空线居而不据，不往不来，任何时点—空点既往而不返又居而不据。"[2] 正因为如此，所以"任何时面，任何空线，任何时点—空点在时—空秩序中均有至当不移的位置"[3]。金先生认为，正是时面、空线、时点—空点及其这种至当不移的位置，构成了"绝对时—空秩序"。

对于"绝对时—空秩序"，金先生在第 12 条下了一个定义，他说："绝对时—空底绝对秩序以时点—空点为关系者。"[4] 在对该条的注解里，金先生从相对时空和绝对时空的对照中，

---

[1]　金岳霖：《论道》，第 143 页。
[2]　金岳霖：《论道》，第 144 页。
[3]　金岳霖：《论道》，第 146 页。
[4]　金岳霖：《论道》，第 147 页。

对"绝对时—空秩序"作了进一步的展开。他指出，绝对的时—空自然不仅是相对的时—空，相对的时—空主要有"手术论"的时—空，用度量于时—空后的时—空，个体与个体之间的时—空。这里所谓的"绝对"并不是没有对，而是不与"个体"相对，其具体意义如下："时—空底秩序底根据是时面、空线、时点—空点底位置。这位置既至当不移，秩序也至当不移。位置既至当不移，秩序既至当不移，任何时间空间的距离在此至当不移的秩序中也至当不移。"① 所以，作为"绝对时—空秩序"中的"绝对"并不是无对，而是不与"个体"相对。换言之，绝对的时—空秩序不根据于个体与个体之间的时空关系，而是相反，个体与个体之间的时空关系底最后根据是绝对时—空秩序，这同时也表示绝对时—空秩序是以时点—空点为关系者的时—空秩序。

绝对时—空秩序的关系者是时点—空点，就是说绝对时—空底秩序不能以个体为关系者，而只能以时面为关系者，以空线为关系者，归根结底它只能以时点—空点为关系者。绝对时—空秩序就是这样一种时—空秩序。

从个体化的时—空秩序与绝对时—空秩序的关系来看，金先生在第 13 条明确指出："个体化的时—空秩序根据于绝对时—空底秩序。"② 在对这条的注解里，金先生进一步指出："个体化的时—空底秩序，各个体在时—空中的位置，各个体

---

① 金岳霖：《论道》，第 147—148 页。
② 金岳霖：《论道》，第 148 页。

彼此的距离（无论时间或空间），从经验、试验、度量、手术方面着想，都直接或间接地根据于个体与个体之间的关系。"①但是，这并不意味着个体化的时—空秩序可以脱离绝对时—空秩序，恰恰相反，经验、试验、度量总是需要标准、理解和意义，而这些标准、理解和意义正是根据于绝对时—空底秩序。

金先生曾写过一篇文章就叫《论手术论》②，在这篇文章中金先生讲，在科学的范围里，只讲手术论的时—空，即Bridgman③的操作主义时空观就已经够了。但在哲学的范围里，相对时—空总是不够用的。所以，金先生赞同罗素对时—空秩序的看法。他说："罗素好像曾表示过相对论一方面固然是相对论，另一方面也可以说是绝对论，因为要在引用相对论的条件之下，我们在事实上才能找出实在准确的时—空度量。可是，这实在准确的度量底理论上的标准仍是绝对的时—空。"④也就是说，在金先生看来，相对的时—空和绝对的时—空应该分别地予以承认。关于这一点，他在《论道·绪论》中有过更为明确的表述。

① 金岳霖：《论道》，第 148 页。
② 《论手术论》一文原刊于《清华学报》第 11 卷第 1 期，1936 年 1 月。参见《金岳霖全集》第 3 卷（下），北京：人民出版社，2013 年，第 1387—1406 页。该文主要对布里奇曼（Bridgman）的相对时—空观作了批判性评述。
③ 珀西·布里奇曼（Percy William Bridgman，1882—1961），美国物理学家、哲学家，操作主义创始人。他的操作主义时空观是以相对主义为根据的。
④ 金岳霖：《论道》，第 148—149 页。

金先生指出:"前几年看见 Bridgman 底 *Logic of Modern Physics* 才知道科学的概念与思想可以有一个总看法。科学底大本营是试验,观察,度量等等,而这些总离不了手术,所以科学的概念与思想都可以解释成手术论的概念与思想。这看法,科学家不见得都赞成,但是我认为它是一极好的看法。科学的概念的确是比普通的概念严格,科学的思想的确比普通的思想精确,尤其是物理化学方面的概念与思想。可是,科学的思想虽然严格与精确,而严格与精确底程度决不能达到理想的程度。手术论的'方'虽然比木匠所造的方桌子那样的来得精确,然而不能达到几何学那样的绝对的方,手术论的 30 尺虽然比店里所量的 30 尺布那样的 30 尺来得精确,然而不能达到理想的 30 尺。手术论的时空也不能是理想的绝对的时空。手术论在科学虽然是对的学说,可是,申引到哲学范围之内去,是说不通的学说。科学不承认绝对的时空,不一定表示哲学也不能承认绝对的时空。这两学说可以并行不悖,而在这本书里,绝对与相对的时空都分别地承认之。"① 这就是金先生对绝对时空和相对时空的基本态度。

根据 Bridgman 的学说,科学上讲的时间、空间、微观粒子、光、场等,都可以归结为相应的操作。比如空间的长度,既可以用尺子来量,如多少米、多少尺等等;也可以按相对论的观点用光的速度作为标准来度量。用尺子量和用光作为度量标准当然是不同的。所以,在 Bridgman 看来,各门科学的度

---

① 金岳霖:《论道》,第 16—17 页。

量标准是不断发展、变化的。哲学的概念分析在他看来归根到底也是一种语言的操作。因此，他认为，不论是科学还是哲学，有意义的问题都可以归结为一种可能找到的操作，也就是说用一种什么样的工具来度量，即：用普通的尺子量，还是用光的速度量呢？这样，按 Bridgman 的学说，有一些问题的讨论无疑是无意义的，比如时间、空间的有限、无限问题。有限、无限的问题如何度量？绝对时间如何度量？自由意志如何度量？这些问题的讨论都是没有意义的。不难看出，Bridgman 的学说在本质上是实用主义的。

金先生在这里既肯定了 Bridgman 的学说在科学领域里是有意义的、有效的，同时也认为他的这一学说不能引申到哲学，因为哲学还是要讲绝对时空的。金先生对 Bridgman 学说的这种评论是有道理的，我们确实不能完全否认操作主义的意义，同时也不能不看到操作主义的局限。金先生在《论道》中对相对时空与绝对时空分别予以承认的观点也是正确的。不过，金先生在对相对时空与绝对时空关系理解上，也有其不足之处，那就是有把有限与无限割裂开来的倾向。

有限与无限的问题，在哲学史上一直是哲学家争论不休的问题，我们稍微回顾一下哲学史。

西方近代哲学中，经验论、唯理论、康德、黑格尔、马克思主义等，一直都在争论这一问题，并提出了各自的看法。

经验论所讲的"无限"概念与唯理论所讲的"无限"的概念是有明显差别的。洛克所讲的"无限"如果用一个比喻的说法，就是用一个"测锤"，从上面往河底下去测，放下去一段，又放下去一段，再放下去一段，但永远测不到底，也就是人们的经验老也达不到清晰的"无限"概念。在唯理论那里，无限则被理解为超时空的绝对。笛卡尔区分了无限与无定限，认为无限就是绝对。康德讲"二律背反"，试图解决唯理论与经验论的矛盾，但他又觉得这个矛盾难以解决，所以他既讲经验论又讲唯理论，对二者分别地予以承认。黑格尔在康德的基础上试图用辩证法来解决，但黑格尔本身有唯理论倾向，所以他把经验论、洛克所讲的"无限"看成是"恶"的无限，而认为"真"的无限就是唯理论所讲的绝对。这是各派哲学家对问题的不同回答。

马克思主义也就是唯物辩证法对无限、有限问题的看法的基本路子是正确的，但比较简单，没有得到很好的讨论。

恩格斯在《反杜林论》中讲，有限与无限矛盾的展开是一个过程。有限的东西亦即相对的、有条件的东西与无限的东西亦即绝对的、无条件的东西的矛盾，是一个无穷的系列。无穷的发展过程，而无限与有限的矛盾正是在这一过程中不断解决的。

我在《逻辑思维的辩证法》那本书里，也专门讨论了有限与无限的问题。讨论虽然比较简单，但表达了我的基本思想。在我看来，有限与无限的问题实际上应该是 3 个范畴，即有限、无限和无穷系列，有限与无限的矛盾是在无穷系列的前进运动中来解决的。我讲认识的过程，也用了这样的一个看法。当然，我也不敢说我的这个讲法就已经把问题完全讲清楚了，因为有限与无限的问题的探索本身也是在无穷系列中实现的。

实际上，一切科学成就，我们都可以从这样一种观点来看，那就是将它们视作在一定条件下所达到的主观与客观的具体的历史的统一。在一定条件下达到了主客观的统一，也就是说在一定条件下从有限中把握了无限。比如马克思的《资本论》，就是在当时的历史条件下，对"资本"的认识达到了主观与客观具体的历史的统一，在有限中把握了无限，这是应该承认的。但是，任何科学成就又毕竟是一定历史条件下的主客观的统一，认识的发展从总的历程来看，总是没有完成、总是无穷的过程。所以，我们可以承认在某种条件下达到主观与客观的一致，也就是在有限中把握了无限，但这种无限却是在一定条件下的、相对的，从总过程来说是未完成的无穷的系列。用这样一种观点来看待有限与无限的矛盾，就是把有限与无限的矛盾运动看成是辩证发展的过程。

黑格尔讲有限、无限、有限与无限的统一3项我认为是基本正确的，黑格尔把无限比作圆我认为也是有道理的，但是黑格尔把无限、绝对的发展看成是没有方向的、封闭的圆，从而走向了独断论。我以为，无限、绝对总是与有限、相对相联系，并"沾染"着有限、相对；无限、绝对的运动、发展也是有方向的，总是前进、上升的。人类的认识总是能够从有限中找到无限，从暂时中找到永恒，从有条件的东西中找到无条件的东西，并使之确定下来，积累下去。绝对的、无限的东西总是在认识的循环往复中、螺旋形的发展中逐步展开的。这就是我对无限、有限，绝对、相对及其关系的基本看法。

(二) 关于特殊

《论道》第 5 章的后半部分，金先生着重讲"特殊"。如上所述，金先生是从时空的角度来讲秩序的，所以，金先生对特殊的理解，也离不开时空。他在第 16 条对"个体底特殊化"作了规定，他说："个体底特殊化，即个体底时—空位置化。"① 就是讲个体的特殊化即个体在时空中至当不移的位置的获得或失去。在第 22 条，金先生进一步指出："个体虽特殊而特殊化底程度不一。"② 并且从以下两个方面作了进一步分析：一方面就是个体与个体之间的特殊化程度不一，比如一张桌子和一座山；另一方面，就是同一个体底特殊化程度也不一，比如一分钟的个体和一秒钟的个体就不同。尽管如此，在金先生看来，秩序中有最低程度的问题，最低程度的个体不是特殊，"包括一切的或无时间限制的本然世界不是特殊的个体"③。

在该章的第 23 条，金先生又对个体所现实的可能的特点作了分析，他认为："任何一个体所现实的可能是一综合的可能。"④ 作为一综合的可能，金先生指出："这种综合的可能，既是可能，当然没有矛盾。可是，它虽然没有矛盾，而它仍免不了有冲突。……我们在本书所要注意的是无论甚么综合的可能都有冲突底问题。各个体既都是一现实的综合的可能，各个

---

① 金岳霖：《论道》，第 152 页。
② 金岳霖：《论道》，第 158 页。
③ 金岳霖：《论道》，第 160 页。
④ 金岳霖：《论道》，第 160 页。

体底尽性总有彼此不能兼顾的情形。这种不容易兼顾的情形不但人有，草木鸟兽也有，即使无生命的东西也有。"[1] 需要注意，金先生这里所讲的"矛盾"是在形式逻辑的意义上使用的，《论道》一书中所讲的"矛盾"，都是在形式逻辑的意义上使用的。同时，金先生将现实的个体视作一综合的可能，作为一综合的可能，现实的个体当然不能有形式逻辑意义上的"矛盾"，因为"矛盾"在形式逻辑的意义上即为不可能。

金先生尽管认为现实的个体作为一综合的可能是没有形式逻辑意义上的矛盾的，但并不否认个体、具体的东西包含有冲突。尽管承认个体、具体的东西包含有冲突，但金先生并没有从辩证法的意义上来理解这种冲突，也就是说没有把辩证法所理解的矛盾看成是事物的本质，没有讲变化的原因、根据是矛盾，没有把事物的运动看成是合乎规律的矛盾运动。从这一方面来讲，缺乏辩证法是《论道》一书的缺陷所在。

如果在辩证法的意义讲客观世界的秩序，那就必须承认矛盾是事物的本质，矛盾也是变化的原因和根据。要使用类、故、理这样的范畴来讲客观世界的秩序，也同样要承认矛盾是事物的本质，是运动、变化的根据，是合乎规律的矛盾运动，而且这一点也是中国传统哲学的优点所在。中国哲学、中国哲学家讲一阴一阳之谓道，就是讲道是矛盾运动的过程。不同的哲学家讲法可以不一样，但是注重辩证思考则是中国哲学的显著特点，从先秦到近代，中国哲学有着丰富的辩证法的思想资

---

[1] 金岳霖：《论道》，第160—161页。

源。金先生的《论道》一书对这个传统注意不够，辩证法思想比较欠缺。当然，这并不是说金先生的整个思想中都缺乏辩证的思考，实际上在认识论方面讲"规律"时，金先生确实表现出很强的辩证思考和丰富的辩证法思想。但在《论道》中，金先生又确实对客观世界的矛盾运动注意不够，缺乏辩证法的基本精神。

尽管如此，金先生在思考客观世界秩序问题时运用概念是非常精确的，他的《论道》一书值得好好学习，其重要性就在于此。这一点在以下几条中有着很明显的表现。

在该章的第 24 条，金先生主要分析了"殊相"。他对"殊相"的规定是："任何个体所具的殊相是一综合可能底特殊的现实。"[①] 这一点应该是清楚的。因为金先生将个体的特殊化规定为时空位置化，而任何一个体所现实的可能又都是一综合的可能，所以任何个体所具的殊相必然是一综合可能底特殊的现实。

作为一综合可能底特殊的现实，金先生在对这一条的注解里，对个体所具的殊相作了进一步的分析。他认为，个体之所以为个体，不仅因为它是具体的，不仅因为它大都有一套特别的性质与关系，也因为它有它的殊相，而它的殊相不是任何其他个体所有的。殊相底殊就是特殊底殊，它是一个体之所独有，它底现实总是某时某地的事体。一个体底一殊相如此，一个体所具的所有的殊相也如此。一个体所现实的共相成一可

---

① 金岳霖：《论道》，第 161 页。

能，它底殊相也就是这综合可能底特殊的现实。两个体没有或大都没有完全相同的共相；至于完全相同的殊相，则两个体根本不会有，不能有。不仅如此，在金先生看来，任何一个体本身在不同的时地也不能有完全相同的殊相，因为殊相之殊与时空位置之殊是不能分的。所以，金先生认为，殊相如果从特殊这一方面着想，对于个体是没有多少话可说的。

尽管从特殊这方面着想，个体与特殊是没有多少话可说的，因为不同的个体不一样，同一个体在不同的时地也不一样。但由于金先生将殊相视作一综合可能底特殊的现实，因此从综合的可能这方面着想，对于个体，仍有许多话可说。以下几条，就是金先生从综合的可能方面而对个体所说的话。

第25条，金先生主要从"殊相上的变更"与"共相上的统一"两个方面，把个体区分为"事体"和"东西"。他说："相对于殊相上的变更，个体为事体，相对于共相上的统一，个体为东西。"① 在经验中，事体和东西的这种差别是不能抹杀的，并且它们的表示方法也不一样，事体一般要用命题表示，而东西则用名词表示。当然，在金先生看来，个体在共相上的这种差别也只有相对意义，比如从经验的"快慢"亦即从经验的速度来讲，事体可以看成是东西，而东西也可以看成是事体。

在第26条，金先生又对"现在"作了分析，他对现在的

---

① 金岳霖：《论道》，第162页。

定义是："现在或现代是已来而未往的现实。"① 这里所谓"已来而未往"实际上就是指"当前"。金先生认为，现在作为"当前"，在不同的情况下意味是不同的，也就是说现在是有"等级"问题的。"例如'现在'国联如何如何，与'现在'花开得怎样，这两句话中的'现在'底来与往不是同等级的，在时间上，它们不表示相等的时间。"②

第 27 条，金先生主要讲"存在的个体"，他认为，"存在的个体是一现实的个体"③。也就是说金先生所理解的"存在"只是指"个体"，而"存在的个体"又只是指现在的个体。金先生在对这一条的注解里，对"有""实"和"存在"作了细致的区分。他指出，"有"是在最广泛的意义上使用的，比如第 1 章所讲的"有可能""有能""有式"的"有"，这种"有"是仅"有"而不"实"。而"实"就是指"共相"，共相不仅是有，而且是"实"即现实。那么"个体"就不仅是有、是实，而且存在。总之，"可能底有，共相底实，特殊个体底存，彼此不同"④。这种区分还是很细致的。

存在的个体是现在的个体，把现在和已往的现实结合起来，就是"事实"。所以，金先生在第 28 条对"事实"的定义是："事实是已往与现在的现实。"⑤ 在对这一条的注解里，金

---

① 　金岳霖：《论道》，第 163 页。
② 　金岳霖：《论道》，第 163 页。
③ 　金岳霖：《论道》，第 164 页。
④ 　金岳霖：《论道》，第 164 页。
⑤ 　金岳霖：《论道》，第 165 页。

先生进一步指出："存在总是特殊的个体。特殊的虽是事实，而事实不必是特殊的，个体虽是事实而事实不必是个体。"[1]就是说特殊的个体是存在，那么存在的个体、特殊的个体总是事实，但事实又不必是或不一定是特殊。比如，"我底窗外的山涌泉是特殊的个体，中国人大都有黑头发是事实，可是，既不是特殊也不是个体"[2]，它只是事实而已。同时，事实也不必是现在的，但将来的东西因其还未来所以不是事实，而已往的事实现在却仍然是事实。比如孔子，孔子曾经存在而现在不存在但仍是事实。所以事实包括已往和现在的现实。

总之，金先生对以上诸如殊相、事体、东西、现在、有、实、存在、事实等概念的分析、运用都是很精确、很清楚的。就我个人而言，金先生对这些概念的分析和运用我是赞同的。当然，每个人用字是可以有他的自由的，但中国哲学中概念的运用经常是很混乱的，金先生《论道》一书对概念的分析和运用很精确是一大特点，而这一特点又是值得我们认真学习的。

以上，我主要从两个方面对金先生《论道》第5章"时—空与特殊"的问题作了一些分析。一方面主要讲了金先生的观点，也是我对金先生赞同的地方；另一方面是我对金先生观点所作的补充或不同意金先生观点的地方。我对金先生观点所作的补充主要在以下两点。首先一点，就是在对时空的有限与无限、相对与绝对的关系上，我不完全赞同金先生的观点。时空

---

① 金岳霖:《论道》，第165页。
② 金岳霖:《论道》，第165页。

的有限与无限、相对与绝对的关系问题，哲学史上已经纠缠了很久，金先生对绝对与相对的区分是很清楚的，对"手术论"的肯定和评论也是有道理的。但在对有限与无限、绝对与相对关系问题上，金先生基本倾向是割裂了二者的辩证统一。我在《智慧说三篇·导论》中表述了自己不同于金先生的基本看法。其次一点，我没有作进一步的展开，就是金先生在概念的运用上很准确，我对许多哲学概念的运用，都直接来自金先生。所不同的地方，就是金先生不讲辩证法的矛盾，所以在个体冲突与不冲突的问题上是缺乏辩证法的。与金先生不同，我在这个问题上比较多地继承了中国传统，用类、故、理分别地讲明了事物矛盾发展的道理，认为事物都是有矛盾的，并且不同事物的矛盾各有其特殊性；认为矛盾是事物运动、变化的原因、根据，对立统一是事物发展的规律性东西。也就是说对"矛盾"一词作了形式逻辑与辩证法不同用法的区分，除此之外，其他方面与金先生大体一致。

通过对金先生《论道》一书的学习，我们无疑会体会到，现代哲学的许多概念是需要厘清的，搞哲学不能糊里糊涂，糊里糊涂的哲学是会害人的。

七

散论*

* 这一部分摘录了《冯契文集》中论述金岳霖的若干片断，各节标题系编者所加。——编者

（一）知识与智慧的关系问题①

我早就对哲学有兴趣，进大学考的就是哲学系。当时的考虑是：要救国，就要有理论，最根本的理论是哲学；我对数学、科学、文学、哲学都爱好，学哲学大概最能满足我广泛的兴趣。在大学学习期间，我涉猎甚广，中外哲学书籍也读了不少。但真正感受到自己有一个哲学问题非要解决不可，是在昆明清华文科研究所作研究生的时候。我那时跟从金岳霖先生读书，认真读了他的《知识论》手稿和《论道》。和金先生讨论时，我感到碰到了一个真正的哲学问题。金先生在《论道·绪论》中区分了知识论的态度和元学的态度。他认为，知识论的裁判者是理智，而元学的裁判者是整个的人。研究知识论我可以暂时忘记我是人，用客观的、冷静的态度去研究。但研究元学就不一样了，我不能忘记"天地与我并生，而万物与我为一"②，我不仅在研究对象上要求理智的了解，而且在研究结果上，要求得到情感的满足。这是金岳霖先生区别知识论的态度和元学的态度的论点。

我当时觉得，这样区分两种态度是有问题的。金先生问我的意见，我对他说：理智并非"干燥的光"，认识论也不能离开"整个的人"，我以为应该是用 epistemology 来代替 theory

---

① 参见冯契：《〈智慧说三篇〉导论》，《冯契文集》（增订版）第 1 卷，上海：华东师范大学出版社，2016 年，第 5—10 页。——编者

② 《庄子·齐物论》

of knowledge。广义的认识论不应限于知识的理论，而应该研究智慧的学说，要讨论"元学如何可能""理想人格如何培养"的问题。所以，我认为在认识论研究中，也是不仅要求理智的了解，而且要求得到情感的满足。金先生听了我的意见后说：他讲知识论，确是只讲知识经验，即他所谓"名言世界"。他认为我讲的"智慧"，涉及了"超形脱相"、非名言所能表达的领域，这个领域是理智无法过问的，只好交给元学去探讨。不过，讨论到后来，他又说："你的话也有道理，你的看法可能还更接近中国传统哲学。"他鼓励我循着自己的思路去探索。在这之后，他与我几次讨论到名言世界和非名言世界的问题。金先生说他在写成《知识论》之后，要深入探讨这一问题。因为他认为，"治哲学总会到一说不得的阶段"，说不得的东西如何能说？这是他当时甚感兴趣的哲学问题。

我后来认识到，我和金先生讨论的问题实际上是知识与智慧的关系问题。关于元学的智慧如何可能（以及自由人格如何培养）的问题，包括两方面：首先要问如何能"得"，即如何能"转识成智"，实现由意见、知识到智慧的转化、飞跃；其次要问如何能"达"，即如何能把"超名言之域"的智慧，用语言文字表达出来，亦即说不得的东西如何能说、如何去说。金先生当时着重探讨了后一个问题，写了《势至原则》一文，收在他的论文集中。最近我写了一篇回忆文章[①]，谈了他当时

---

① 即本书中《忆金岳霖先生以及他对超名言之域问题的探讨》一文。——编者

和我的讨论以及他对"超名言之域"如何能说的问题作了什么样的探索。而我当时有一个与他不同的想法。我认为虽然智慧的获得与表达不可分割，但首先应该问如何能"得"，其次才是如何能"达"。所以，我想着重考察前者，把由意见、知识到智慧的发展视为辩证过程，试图来说明"转识成智"是如何实现的，亦即想探讨一下从"名言之域"向"超名言之域"的飞跃的机制。我跟金岳霖先生、汤用彤先生就此问题作了几次讨论。后来我从庄子《齐物论》中得到一些启发，在 1944 年写成一篇论文《智慧》，后发表在《哲学评论》上。当时我写好后，自己不太满意，因为它显得太学院气了。现在回过来看，更觉得很幼稚。但我确实碰到了一个非常重要的哲学问题，对这个问题我有真切的感受。从这以后，知识和智慧、名言之域和超名言之域的关系到底如何，便成为我一直关怀、经常思索的问题。

不过我当时的提法是：在由意见、知识发展到智慧的辩证发展过程中，意见是"以我观之"，知识是"以物观之"，智慧则是"以道观之"。单纯从"观"来区分认识的阶段，未免把问题简单化了。后来我在提法上稍作改变，把认识过程看成是从无知到知、从知识到智慧的运动。我的任务就在于阐明从无知到知、从知识到智慧的认识的辩证法。

当我碰到了知识与智慧及其关系这一具体哲学问题后，我就再也放不下它。那么，这一问题有什么时代意义呢？

在与金先生讨论知识论态度和元学态度问题之后，我越来越感到，他内心有一个矛盾，有点类似于王国维所谓"可爱与可信"的矛盾。王国维说："哲学上之说，大都可爱者不可信，可信者不可爱。"[①] 他所谓"可爱者不可信"，就是指叔本华、尼采这一派哲学，即西方近代哲学中的非理性主义、人文主义的传统。他所谓的"可信者不可爱"，就是指孔德、穆勒以来的实证论、科学主义的传统。科学主义和人文主义、实证论和非理性主义的对立，是近代西方科学和人生脱节、理智和情感不相协调的集中表现。王国维感到这一矛盾很难解决，故产生了极大的苦闷。他始终没有能够解决这个矛盾，于是就放弃了哲学研究。但是，科学主义和人文主义、实证主义和非理性主义的对立，不论是在西方还是在中国都继续发展着。在中国，"五四"时期的中西文化论战、科学与玄学的论战，正反映了这两种思潮的对立。

金岳霖先生区分了知识论态度和元学态度，以为知识论是只讲可信的即实证知识的领域（即只讨论实证科学知识何以可能的问题）；而元学就不仅要求理智上的了解，而且要求情感上的满足，即要求是可爱的。他实际上是试图用划分不同领域的办法来解决"可爱与可信"的矛盾。但是，在我看来，他的这种办法，是把知识和智慧截然割裂开来了，从而难以找到由知识到智慧的桥梁，也无法解决科学和人生脱节的问题。所以我认为金先生也没有解决科学主义和人文主义的矛盾。

在"五四"时期，科学与玄学的论战是与东西文化论战相

---

① 王国维：《静安文集续编·自序二》，谢维扬、房鑫亮主编：《王国维全集》第十四卷，杭州：浙江教育出版社，广州：广东教育出版社，2009 年，第 121 页。

联系着的。科学派多半是西化派，强调以现代西方科学为基础来建立科学的人生观。玄学派认为人生观领域非科学所能够解决，多数强调东方文化有其优越性，在他们看来，中国传统讲"天人合一"，自然与人生统一于"道"，哲学家之道与哲学家之人格应是统一的，在人生观问题上，正需要继承和发扬这种中国传统。客观地说，这两种观点都有其理由，也各有其片面性。但论战正好说明，科学和人生的关系问题，确实是个时代的重大问题。就中国来说，既需要科学，也需要人文精神，"五四"提出的科学与民主两个口号不能偏废。但是，人文领域和自然科学领域又是有区别的。自然科学一般说来，已经超越了民族的界限，我们可以直接吸收西方科学技术来为我国的现代化服务，物理学、化学等也无所谓中国化的问题。人文领域则不同，它既要克服民族局限性，又要保持和发扬民族特色，并且越是具有民族特色，就越有人类的普遍意义。哲学既涉及自然，又涉及人文。怎样使中国哲学既发扬中国的民族特色，又能够会通中西，使它成为世界哲学的有机组成部分，是许多中国学者都在考虑和要解决的问题。由于中西方哲学的交流和会通，是否有可能提供一种新的视角，来解决科学主义和人文主义对立的问题，这也是值得哲学家郑重考虑的大问题。

同时，科玄论战、中西文化论战，都是马克思主义者关心的问题。科玄论战，陈独秀、瞿秋白曾作了批判的总结。中西文化论战，许多马克思主义者也都参与了，毛泽东的《新民主主义论》作了总结。我们那一代爱国青年，很多人在"一二·九"运动和参加抗战中接受了马克思主义，认为马克思主义能够救中国。这种革命青年的共识，主要是从政治角度考虑的。正因为政治上有这么一种信念，于是在理论上也相信实践唯物主义的辩证法，满怀热情地学习马克思主义哲学。但是，就我自己碰到的这个哲学问题而言，即如何用实践唯物主义的辩证法来解决知识和智慧的关系问题，在书本上、在马克思主义著作中是找不到现成答案的，至少那些苏联教科书是从来不谈这样的问题的。我当时有一个朴素的想法，认为沿着实践唯物主义辩证法的道路前进，吸取各种哲学派别包括非马克思主义学派的一些合理因素，是能够阐明我的问题，即阐明由无知到知、由知识到智慧的认识过程的。当然，要吸取各种哲学学派的合理因素，就必须正确处理马克思主义和非马克思主义之间的关系，而不能把马克思主义看成是自我封闭的。而处理好马克思主义和非马克思主义的关系，并进而会通中西，解决科学主义和人文主义的对立，便应该能达到一种新的哲理境界。

（二）以得自现实之道还治现实[①]

金岳霖先生的知识论，主旨是"以经验之所得还治经验"，以得自所与的概念来摹写和规范所与，这就是以所与之道还治所与之身。

1957 年我与他讨论时，我把他的思想扩充了一下，成为"以得自现实之道还治现实"。我用这句话概括了他的知识论思想，其

---

① 　参见冯契：《〈智慧说三篇〉导论》，第 27—30 页。——编者

基本点是：从对象方面说，就是本然的现实化为自然，自然的所与化为事实；从主体方面说，就是主体有意识：知觉到一件件的事实，理解了一条条现实固有的理或规律；而综合起来说，这个主客交互作用的程序就是知识经验。所以，金先生的知识论的中心思想，可以用"以得自现实之道还治现实"来概括。

我接着金先生的这一原理作了引申。金先生注重的是对人类知识经验作静态的分析，他的分析工作做得很细密。但他没有把它作为基于社会实践的历史进化和个体发育的自然过程来进行考察。我认为对知识经验以及金先生的原理，还应进一步作动态考察。我沿着实践唯物主义辩证法的路子，来讲"以得自现实之道还治现实"。以得自所与者（概念）还治所与，便是有"知"。但知与无知的矛盾一直难分难解，因此概念并不是经过一次抽象就能取得完成形态的，它有一个从前科学概念到科学概念，从低级阶段的科学概念到高级阶段的科学概念的发展过程。在这个过程中，以得自经验之道还治经验，概念对现实的摹写与规范反复不已，知与无知的矛盾不断得到解决。于是知识的科学性越来越提高，经验经过整理就显得秩序井然了。这是讲的对由无知到知的矛盾运动的动态考察。

同时，"以得自现实之道还治现实"这句话省略了一个主词——我，"取得"和"还治"的认识活动当然有一个主体，即"我"。我以得自所与者还治所与，化所与为事实，同时就是我用判断把事实与思想结合起来，于是，我有了"觉"。人类在进行知觉和思维活动时，有个"我"统率着知识经验的领域，这个"我"借用康德的术语就叫"统觉"。这个具有统觉的我，不仅有关于客观的事实和条理的意识，而且在与他人交往中，自证其为主体，是有自我意识的。我有意识地认识世界，逐步把握现实之道，同时也就意识到我是主体，并在意识活动中逐步认识自己、认识自己的本性。作这样动态的考察，在实践基础上的认识运动就表现为认识世界和认识自我的互相促进的过程，也就是现实之道与心性交互作用的过程。

随着认识的发展，自我提高了自觉性，"以得自现实之道还治现实"的原理便由理论转化为方法、转化为德性。金先生的《知识论》已提出了理论转化为方法的思想，他说："所谓科学方法即以自然律去接受自然，或以自然律为手段或工具去研究自然。……所谓利用自然律以为手段，就是引用在试验观察中所用的方法底背后的理，以为手段或工具。"① 观察实验中运用自然律作为接受方式，即以自然过程之"理"还治自然过程，科学理论便转化为方法。同时，人类认识世界的过程，即以得自现实之道还治现实的过程，本身也是基于实践的自然过程。客观现实之道是自然过程，认识过程之道也是自然过程，所以方法论的最一般原理无非就是以客观现实和认识过程的辩证法还治客观现实和认识过程之身。

而在人文领域，由于目的因成为动力因，"以得自现实之道还治现实"就成为从现实生活中吸取理想，又促使理想化为现实，而作为主体的"我"便要求成为自由人格。人的自由是在实现理想的活动和成果中取得的。自由是历史的产物。人类

---

① 金岳霖：《知识论》，第 558 页。

在化自在之物为为我之物的过程中，发展了科学、道德、艺术等，同时也就培养了以真善美为理想和信念的人格，人们不仅按照理想来改变现实，也按照理想来塑造自己，取得越来越多的自由。自由人格就是有自由德性的人格，在实践和认识的反复过程中，理想化为信念，成为德性，就是精神成了具有自由的人格。所以人格是承担理想的主体，也是实现理想的结果。

总之，我对金先生的知识论原理"以得自现实之道还治现实"所作的引申，就在于从静态分析进到动态考察，把这一原理看作是基于实践的认识世界和认识自己的交互作用过程，并进而从"化理论为方法""化理论为德性"两方面作了发挥。

（三）思维由抽象到具体①

在昆明与金先生讨论"知识论的态度"与"元学的态度"、知识和智慧的关系问题时，金先生曾说："大致有两类哲学头脑，一类是 abstract mind，一类是 concrete mind。"他觉得他自己有点偏于 abstract，而我这个学生可能比较喜好 concrete。虽然他这样说，在《知识论》中着重对知识作静态分析，确实也是偏于抽象，但这个时期（40 年代）他实际上对"具体"感兴趣，发表了《势至原则》一文。这篇论文中提出"何以有现在这个世界"的问题，讨论"说不得的东西如何能说"的问题，这就是在探求具体。金先生区分了"这样的世界"和"这

---

① 参见冯契：《〈智慧说三篇〉导论》，第 30—33 页。——编者

个世界"，说得的和说不得的，名言世界和非名言所能达的领域，并作了深入探讨，是很富于启发意义的。

我试图对认识过程作动态的考察，确实倾向于要求把握具体，所以对于《势至原则》中提出的"何以有现在这个世界"问题甚感兴趣。但我当时感到金先生不免有点把问题抽象化了。如他说可以把现在这个世界"假定其为宇宙洪流在这一分钟或这一年中的平削的现实"，"就小的范围着想，就是问我何以坐在这间房子里，这张纸何以摆在桌子上"[1]，等等。我以为他所谓"平削的现实"是个抽象，而我坐在这间房子里和这张纸摆在桌子上等，只是殊相，而殊相也不等于是具体。那么，"何以有现在这个世界"的问题，如何提法才是把它更具体化？我考虑了很久。后来我认为：从大范围说，问"何以有现在这个世界"，就是问"何以有这个宇宙洪流"。只有唯一的现实的洪流，即无限的至大无外的宇宙洪流。从小范围说，问"何以有现在这个世界"，就是问"何以有这个现实的过程"。——举例来说：马克思《资本论》问的是何以有这个商品经济社会，其演变、发展进程如何。毛泽东的《论持久战》问何以有这场中日战争，这场战争会如何进行。天文学家问何以有这个太阳系，太阳系的演化过程如何。以至于小说创作写有个性的典型性格，如何通过若干情节而展开；日常生活中我们向别人介绍自己的亲友，用一些生动的情节来描述他的个性、脾气等，都是把有关对象作为一个具体的现实历程。

———————————

① 　金岳霖：《势至原则》，第355页。

从理论思维要把握的具体，即辩证法的具体来说，所谓具体真理有双重含义：一是如马克思在《〈政治经济学批判〉导言》中讲的由抽象上升到具体，指科学认识由分析达到综合阶段，克服了各种抽象理论的片面性，具有了完备的客观性。二是如毛泽东《实践论》中讲到的"主观和客观，理论和实践，知和行的具体的历史的统一"，指认识克服了理论与实践相分离的主观主义，实践不再是盲目的，理论不再是空洞的，达到了主观与客观、理论与实践的一致。这两种含义的具体都是讲通过矛盾的解决有了全面性的认识。但在前者的意义上，强调的是现实过程本身（包括客观过程与认识作为自然过程）的对立的统一，在后者的意义上，强调的是主观与客观之间、自然界与人之间的对立的统一。这两层意义有区别，但互相联系、不可分割。

人们思维运用的概念是抽象的，对于逻辑思维能否把握具体真理的问题，哲学史上许多人表示怀疑，提出种种责难。怎样实现由知识向智慧的飞跃，问题的关键就在这里。我在《怎样认识世界》那本小册子中专门写了一章"思维的矛盾运动"，认为疑问、惊诧是思想之母，思维是从发现问题、提出问题开始，经过分析而又综合，达到解决问题的过程。所谓问题，一方面是客观过程中矛盾的反映，客观过程本身是有多方面联系的、对立统一的；另一方面是主体本身具有的矛盾的表现。主体有疑问，就是有知与无知的矛盾；主体、自我本来就是群体与个性的统一，并且受各种条件的制约。我们对认识作动态考察，就要把辩证观点、群己之辩引入认识论，而把思维看作是在社会交往中发现问题到解决问题的矛盾运动。人们既受种种主客观条件的限制，认识当然难免有片面性、抽象性，产生意见分歧和观点对立。但在群体中自由讨论，通过不同意见、不同观点的争论，又有可能克服片面性、抽象性，获得对问题的比较全面的认识，即比较具体地把握现实事物的矛盾的发展、各方面的有机联系，使问题在实践中获得合理的解决，达到认识与实践、主观与客观之间具体的历史的统一。这样就是把握了一定历史条件下、一定领域的具体真理。

所以，思维的矛盾运动是"一致而百虑，同归而殊途"的过程，这过程与在实践基础上的感性与理性的反复是互相联系着的，于是整个认识过程就表现为由具体到抽象，再由抽象上升到具体的矛盾运动。

（四）毛泽东与金岳霖①

毛泽东阐明了实践和认识的反复、个别和一般的反复、认识论和群众路线的统一，从这些方面来说明认识运动的秩序，确实是哲学史上新的贡献。这种时代的精神也体现在金岳霖讲的"以经验之所得还治经验"②，这也是把认识看作客观过程的反映和人的主观能动性的作用。金岳霖融合中西哲学，他的整个知识论讲了在实在论基础上的感性和理性、事和理的统

---

① 参见冯契：《认识世界和认识自己》，《冯契文集》（增订版）第1卷，上海：华东师范大学出版社，2016年，第55—57页。——编者
② 金岳霖：《知识论》，第756页。

一，概括为"以得自经验者还治经验"，这既继承了中国的传统，也会通了中西。

中国近代哲学在认识论上是很有成绩的，但这并不意味着一切问题都已解决。不论是金岳霖还是毛泽东，对智慧都没有作深入考察，都没有把认识论作为智慧学说来考察。金岳霖很有成就，但是我认为他区别"知识论的态度"和"元学的态度"并不见得正确。金岳霖说，从元学来说我不能忘记"天地与我并生，而万物与我为一"，但是研究知识论时我可以暂时忘记我是个人，而抱着冷静、理智的态度去研究。他说："知识论底裁判者是理智，而元学底裁判者是整个的人。"① 元学不能离开整个人，而知识论可以暂时忘记我自己，采取客观的态度。这种观点并不正确。知识论似乎可以离开人来考察，理智似乎可成为"干燥的光"。然而事实上认识论也不能离开"整个的人"，认识世界与认识自己两者不能分割。讲认识论也不能忘记"天地与我并生，而万物与我为一"，这是一种广义的认识论的态度。在我看来，认识论不仅要研究知识，而且尤其需要研究智慧。不论是西方还是中国，近代讲知识论有一种倾向，就是把智慧排除在外，忽视了认识主体是整个的人，不论实证论者还是马克思主义者都有这个问题。因此对于主观能动性没有完整的理解。智慧是关于宇宙人生的真理性认识，它与人的自由发展有内在联系，所以认识论要讲自由，而自由不仅是自在，而且是自为。基于实践的认识过程，是一个由自在

---

① 金岳霖：《论道》，第20页。

而自为的过程。它不仅是一个自然过程，也是一个实现人的要求自由的本质的活动。人在本质上要求自由，人的认识过程也体现了这一要求。因此金岳霖讲的"以得自现实之道还治现实之身"这一论点，可以在两个层次上来理解。首先在自在的层次上，把认识世界和认识自己理解为自然演化过程。认识论首先要把认识作为自然过程来考察，这个过程即是客观过程的反映和主观能动性的统一，是物质和精神、世界和自我交互作用的过程。这种交互作用过程作为自然过程，它本身就是现实世界的一部分，有它客观自在的规律性。另一个层次就是自为，从这个层次来说，以得自认识过程之道还治认识过程之身，把关于认识的理论、关于认识过程的辩证法转化为认识世界的方法，成为培养德性的途径。

（五）实践经验给予对象的实在感①

我先说明一下金岳霖的观点。金岳霖的《知识论》说，知识论还是应该从常识出发。首先要肯定常识。无论你怎样地批评、修改常识，但最后还是得回到它那里。他说近代西方认识论的主流之所以陷入困境，就是因为他们违背了常识。他们用"此时此地的感觉现象"作为出发点，这种认识论的出发方式被金岳霖称作"唯主方式"，即主观唯心论的方式。这种唯主方式有两个大缺点：第一是得不到共同的、客观的真假，即得

---

① 参见冯契：《认识世界和认识自己》，第91—95页。——编者

不到客观真理，必然导致否认知识大厦有它的客观基础；第二从主观经验无法推论出或建立外物之有，无法推论出外物是独立存在的，必然导致否认现实世界的存在。所以金岳霖以为应该改变这种出发的方式，他主张从常识出发、从朴素的实在论出发，肯定经验能够获得对象的实在感，以之作为前提。他所谓对象的实在感包括三层意思。第一，对象的存在不依赖于人的意识，存在和知道存在是两件事情。某对象你知道它或不知道它，并不影响它的客观存在。第二，对象的性质虽然是在关系之中，即在一定的关系网里边，颜色、声音、气味，这些都是相对于某一类感官来说的，虽然有这么一种相对的关系，可是对象的性质还是独立于感觉者的意识的，还是客观的。第三，被知的对象有它自身绵延的同一性，即对象有它时间的绵延，因此前后有同一性。他举了个例子：去买一幅画，讲好价钱，去拿的时候假使已换了一幅，这幅画没有绵延的同一性，我就不会买它。又如认识一个人，前后在不同场合见面，因他有绵延的同一性，我认识的他是同一个人。这种同一性不是知识所能创造的。金岳霖的这种理论已经突破了一般的实证论的界限，有鲜明的唯物论的倾向。他这里所说也是一种论证，论证的是：不承认客观实在和客观真理，是与人类的科学知识和常识相违背的。按照常识和科学知识的观点，就要承认感觉能给予人客观实在。不过他在写《知识论》的时候，还没有明确的实践观点，他还不懂得对象的实在感首先是由实践取得的。我们把人的感性活动理解为实践，因而实践和感性直观是统一的，人在变革世界的活动中感知外物，因此我们就在社会实践基础上来阐明感觉能给予客观实在。这可以从三个方面来作论证。

首先，人的实践活动是劳动生产，这是物质个体之间的相互作用，是以物质力量对付物质力量。劳动是与自然物作斗争，在劳动中，劳动者总是肯定对象的独立存在，也肯定自己的力量。农民不会怀疑土地的存在，工人也不会怀疑机器、产品的存在。不仅是劳动生产，而且将日常生活中的一举一动（如用手持物、用脚走路、穿衣吃饭等）视为实践，无不包含有对对象的客观存在的肯定。在这样的实践活动中，人就获得了对象的实在感。对象的实在感是实践或者感性活动中主体最基本的体验，我们讲实体、个体，这"体"就是由此而来的。列宁讲"物质是标志客观实在的哲学范畴，这种客观实在是人通过感觉感知的"①，也就是指这个。实体、个体的"体"，物质范畴最基本的意义，就是这种对象的实在感。

其次，人的实践是在社会、集体中间进行的，要分工协作，要利用语言或其他符号进行交换。金岳霖在《罗素哲学》里举了一个打猎的例子。许多人上山打猎，猎取的对象出现了，大家上去包围对象，各人的眼光都集中在一只野兽上要猎取它，他们有同一个客观物质事物作为感觉对象。大家都呼喊起来，用语言互相配合，这声音也是客观的、共同的。这时候假使有人受伤退下来，看不见那只野兽，可是他也不会怀疑野

---

① 列宁：《唯物主义和经验批判主义》，《列宁选集》第2卷，北京：人民出版社，1995年，第89页。

兽的存在①。对于这些打猎的人来说，猎取的对象，人们的叫喊，互相配合的活动，这些客观实在是毫无疑义的。所以金岳霖说：在集体劳动中间没有任何的唯我论的借口。在集体劳动中，不会产生唯我论，不会有主观唯心主义。这种行动上的配合、语言上的反应，都说明人的感觉虽然有分歧，但是这样的活动给予了同一个客观实在的对象。

第三，实践给人的认识以检验。这一点恩格斯在《社会主义从空想到科学的发展》的英文版导言里边讲得很清楚，对布丁的检验在于吃。实践作为检验认识的标准，它给予正确的判断以证实，给予错误的判断以否证。证实就是行动成功了，证明了我们的知觉和知觉到的事物是符合的；如果否证，即这个行动失败了，证明我们的知觉有错误，应该改进我们的认识，使它和客观事物的本性相一致。所以实践对于认识的每一个检验都是在证明唯物论这个前提是正确的，证明物质是离开人的意识而存在的，认识是客观世界的反映。实践的检验证明了人的认识所依据的基本材料（感觉材料）是能够给予客观实在的。当然可能有人会说这是循环论证，因为用实践检验的时候已经承认了感觉能给予客观实在的前提，如果不承认这一点，就根本无法检验。譬如说我们在实验室里边做化学实验，用氧气加氢气燃烧就变成水，尔后又把水电解，于是得到氢气和氧气。这就证实了水是氢氧化合物这一论断。但是当你作这一检验的时候，你先已承认水、氢和氧都是外在的实物，要肯定这

---

① 参见金岳霖：《罗素哲学》，第153—154页。

一实验过程是如实地呈现在我们的感觉中，也就是说要肯定这个实验过程所获得的感性直观是能给予客观实在的。如果不承认这一点，那你又怎么检验呢？确实需要承认这一点。我们用实践检验认识的时候说感觉能给予客观实在，而实践检验又以承认感觉能给予客观实在为前提，那么这是不是循环论证呢？不能这样说。在理论上互为前提不等于循环论证。哲学理论要讲"通"，彼此贯通，这种贯通正表现在一些论题互为前提、互为条件，于是它们联结成为体系。本篇也提供一个认识论的体系。这样一种理论体系是运用辩证思维，特别是逻辑和历史统一的方法来研究人类认识史的总体（首先是哲学史）而得到的，同时诉诸哲学家本人的亲身体验，而这种体验（个性的又是共同的）是和人的要求自由的本质相联系着的。因此对于实践经验给予客观实在这个原理的证明不是简单地可用形式逻辑的循环论证来批评的，因为这是在整个认识论体系里面的论证。

由对象的实在感可以肯定客观实在是有的，但是这当然不是说已经对客观对象有了丰富的知识，并不是说已经把握了实体和它的形态。有客观实在感是认识实体的开端，但只是开端而已，只是肯定客观实在是"有"，这个"有"虽然是具体的，可是又是贫乏的。它具体的内涵是些什么，都还在黑暗之中，这就是知和无知的矛盾的开端，也可说是由无知向知飞跃的开端。有了这一个开端，混沌就被剖开了，种种的性质、关系，这个那个的分别，等等，随后就被感觉、知觉所把握，显得明白起来。

（六）所与是客观的呈现①

我们讲感觉能给予客观实在，是指正常的感觉。金岳霖称之为"正觉"。正觉有别于错觉、幻觉和梦觉。金岳霖在《知识论》中提出"所与是客观的呈现"的理论。"所与"即感觉所给予的颜色、声音等，它是客观事物在人们正常感觉活动中的呈现，是知识最基本的材料。金岳霖称正觉的呈现为"所与"，以别于其他官能活动（错觉、幻觉、梦觉等）的呈现。他说："所与就是外物或外物底一部分。所与有两方面的位置，它是内容，同时也是对象；就内容说，它是呈现，就对象说，它是具有对象性的外物或外物底一部分。内容和对象在正觉底所与上合一。"② 就是说，在正常的感觉活动中间，人们看到的形色、听到的声音以及感觉到的身体的平衡、运动，等等，它既是所见所闻的内容又是所见所闻的对象，既是呈现又是外物。所谓"所与是客观的呈现"，这个"客观"是说所与本身就是外物的一部分，不过这种外物是相对于感觉类或官能类的外物，因为它是被人感觉到的所与。颜色、声音这一些外界的现象，它们都处于与官能类相对的关系之中，因此金岳霖说，所与之为客观的呈现，不是"无观"而是"类观"。意思是说，是在这一类的眼界之中。相对于正常官能的人类，"耳得之而

---

① 参见冯契：《认识世界和认识自己》，第 95—96 页。——编者
② 金岳霖：《知识论》，第 147 页。

为声，目遇之而成色"，这个"之"指客观的事物，这个"声"和"色"还是客观事物的一部分，但它是相对于人类公共的呈现，是在关系之中（即相对于人类的关系之中），因此，它是在人类的眼界之中，它不是"无观"（没有观）而是"类观"（人类的眼界）。这种感性性质（颜色、声音、运动、静止以及种种关系）都不是感觉者所能创造的，而是客观的、独立的。"耳得之而为声，目遇之而成色"，这样一种所与，不是知觉者凭意志、心思所能左右的。很显然，并不是我想看到什么颜色就是什么颜色，一定有一个客观的"之"，然后才"耳得之而为声，目遇之而成色"。

刚才我主要是介绍金岳霖的学说，这个学说是金先生在理论上的一个重要贡献，是前人没有讲过的创造性的见解。他克服了旧唯物论的代表说、因果说把呈现和外物、内容和对象看成是两个项目，因此而引起的理论上的困难。他解决了这一难题，冲破了实证论设置的障碍。

（七）现实并行不悖①

《中庸》说："道并行而不相悖，万物并育而不相害。"金岳霖在《论道》中作了新解释，以为"现实并行不悖"是一根本原则，说明在空间上并存、时间上相继的分化的现实事物是并行不悖的。这从消极方面说，是说现实世界没有不相融的事

---

① 参见冯契：《认识世界和认识自己》，第257—258页。——编者

实（"所谓事实相融就是说，有两件事实，如果我们用两命题表示它们，它们决不至于矛盾"①）。"不悖"按照形式逻辑的理解首先是事实之间没有逻辑矛盾。事实尽管千差万别，丰富多样，但不违背逻辑。因为事实的秩序与概念的结构相一致，概念结构本来就排斥矛盾，所以金岳霖说，"没有不相融的事实"的原则是大家都引用的。"侦探引用它，法庭引用它，科学家引用它。在相对论发展史中，我们可以找出很好的例子。"②

（八）确实性只有一个③

金岳霖在《客观事物的确实性和形式逻辑的头三条基本思维规律》一文中提出一个论点：三条基本思维规律是"最直接地反映客观事物的确实性只有一个这样一条相当根本的客观规律的"④。"一客观事物是甲，它确实是甲，这是所谓'实'的根本意义之一。这个'实'的意义是本来，是没有外加。"⑤"正如所谓本来面目一样，确实性只能是一个，不可能是多样的。确实性是独立于认识而然（即这样或那样）的关系质。"⑥

---

① 金岳霖：《论道》，第 79 页。
② 金岳霖：《论道》，第 80 页。
③ 参见冯契：《认识世界和认识自己》，第 259 页。——编者
④ 金岳霖：《客观事物的确实性和形式逻辑的头三条基本思维规律》，第 543 页。
⑤ 金岳霖：《客观事物的确实性和形式逻辑的头三条基本思维规律》，第 530 页。
⑥ 金岳霖：《客观事物的确实性和形式逻辑的头三条基本思维规律》，第 534 页。

此所谓确实性之"实"，即实在、现实或事实界之"实"，事实界中这样那样、形形色色的事实，确实地"独立于认识而然"，这种确实性是并行不悖的基础。这就要求反映现实的思维有确定性和一贯性，亦即遵守形式逻辑的思维规律；而转过来说，思维遵守同一律、矛盾律，正反映现实事物的确实性，因此概念与现实事物的这样或那样有对应关系。

（九）现在这样的世界[①]

有不少形而上学的命题，从科学的观点看，确实是无意义的，似应把它排斥在可能界之外，但这个问题不那么简单。如金岳霖先生在《论道》中说的"猴子打字"的例子。Eddington〔爱丁顿〕说："如果我们以一首诗为标准，让一个猴子在打字机上听其自然地打字，只要我们给猴子以无量的时间及不重复地打字，那猴子可以把那首诗打出来。"[②] 猴子打字这个比喻虽不违背逻辑，但"给猴子无量的时间打一首诗"，是不可证明，也无法证实或否证的，但是否因此就说它毫无意义呢？金岳霖接着说："以彼喻此，我们所有的'现在这样的世界'，好像那首诗一样……从无量的道底开展上说，它总会出来的，它总是不能或免的。"[③] 显然，这个论断还是有意义的。现在这样的世界就是人们经验中的世界，所以这个论断是人们在经验

---

① 参见冯契：《认识世界和认识自己》，第 266—267 页。——编者
② 金岳霖：《论道》，第 184—185 页。
③ 金岳霖：《论道》，第 185 页。

中和理论上可证的。可证的就是有意义的，这句话其实就是说：现在这样的世界既是现实的，那一定是可以理解的，其现实性是合乎理性的、可证的。

（十）可能的实现[①]

可能性的实现是个过程，这个过程有其秩序。现实的规律提供某种可能性，这种可能性随着条件的变化而发展，由隐而显，由可能的有转化为现实的有。这现实的有又包含有新的可能性，又将经历新的化可能为现实的过程……如此不断前进，这个过程就是"势"——即由可能之有到现实之有的趋势。金岳霖《论道》中说"理有固然，势无必至"[②]。他肯定现实的演化有规律，世界不是没有理性的世界，是可以理解的，现实的事物是合乎规律的；但是他认为现实的历程有非决定的成分，"势无必至"，是偶然的、无法全部预知的。"势无必至"的说法我认为有正确的一面，但说的偏了些。事实界的联系是复杂的、多样的，我们要区分本质联系和非本质联系；在本质联系中间，又要区分不同的层次，区分根据和条件。所以，一方面说，确实"势无必至"；但是另一方面，如果我们全面地把握对象的本质的联系，把握其根据和条件，那么是可以把握发展的必然趋势，是可以在"势之必然处见理"的。必然、偶

① 参见冯契：《认识世界和认识自己》，第 271—273 页。——编者
② 金岳霖：《论道》，第 238 页。

然是不可分割的,每一具体过程的联系是不可穷尽的,所以必然趋势总有不确定的成分,总是无法全部预知其未来。所以应该说,势之"趋"和"至"是必然而又偶然的。

势之趋与至,就是可能的有转化为现实的有,现实的有又随着时间的开展,由现在的有化为尝然的有,这就是一个由无入有、由有入无的反复的前进运动。从发展趋势来看,由无入有有"几",由有入无也有"几"。《易传》说:"几者动之微"[1]。由无而入有,由有而入无,都是"动",都有它的"几"。"几"是势之趋的契机,是运动的端倪、萌芽。无而将入有,有而将入无,都有它的契机,从这个意义来讲,正如庄子说的,"万物皆出于几,入于几"[2],万物变化的趋势就是不断地"出于几""入于几"。

金岳霖先生《论道》第7章讨论"几与数"。"能之即出即入谓之几"[3],"能之会出会入谓之数"[4],"现实之如此如彼均几所适然数所当然"[5]。从数或理这方面说,现在这样的世界不会没有,世界是可以理解的,但从"几"来说,现在"适然",即恰恰如此,"不为几先不为几后"[6]地发生了。顺便说说,我用"当然"一词与金岳霖先生不太一样,我讲科学规律的必然不以人的意志为转移,而人应当遵循规律,以合乎理性行动为

---

① 《易传·系辞下》
② 《庄子·至乐》
③ 金岳霖:《论道》,第200—201页。
④ 金岳霖:《论道》,第206页。
⑤ 金岳霖:《论道》,第211页。
⑥ 金岳霖:《论道》,第202页。

适当，此即"当然"。"理所当然"是从人的观点说的，包含有人对规律的态度。比如说一个人总会死，是理所当然的，这"当然"包含有一种人生态度。上面说"势"之趋与至，既是必然的，又是偶然的。势之至就是现实的如此如彼，就是当前的世界，现在的事物，它总是合乎规律地产生，同时又是恰恰如此。势之趋与至，既是偶然又是必然，所以现在的世界、现实之如此如彼，从人的观点来看，是"数所当然，几所适然"。郭象讲"承百代之流而会乎当今之变"①，以为天下治乱，是"百代之流"即历史的长期演变，与"当今之变"即当前的环境变化相结合而造成的，它既是"无妄然"的、合理的，但又是适然如此的。金岳霖说："几与数谓之时。"② 此"时"即时势之时，亦即《易》所说的"时"（每一卦代表一个时）。时势以及个体在一定时势中所处的"位"，皆"数所当然，几所适然"。

（十一）"无极而太极是为道"③

那么，从本体论的角度看，是否还是可以把自然界的演变看作是有方向的？金岳霖《论道》中讲，"无极而太极是为

---

① 郭象：《庄子注·天运》，郭庆藩撰、王孝鱼点校：《庄子集释》，北京：中华书局，2013 年，第 471 页。
② 金岳霖：《论道》，第 215 页。
③ 参见冯契：《认识世界和认识自己》，第 279—280 页。——编者

道"①。以为这"不仅表示方向而且表示目标，表示价值"②。
他所说的"太极"是一个至真、至善、至美、至如的境界，是
一个绝对完善、至高无上的价值领域。依他的看法，现实的历
程是有方向的，方向就是由无极到太极，太极是个极限，总达
不到，不过它表示了自然界演化的方向。这样的"太极"是超
越的而并非内在的。到太极的境界，就绝逆尽顺，势归于理，
所有合理的都实现了。人类能否到达这个至真、至善、至美、
至如的领域？金先生当时是比较悲观的，以为人类缺点太多，
可能像某些物种那样终被淘汰。他讲的至真、至善、至美、至
如的境界，并不是从人的观点来建立的目标，它是个超越于现
实的目标，永远达不到。就这点说，他这个观点是形而上学
的、缺乏辩证法的精神。我以为我们不必像他那样悲观。我们
认为，在人化的自然这一领域中，目的因是动力因，真与伪、
善与恶、美与丑是相对立的，这种对立通过斗争而发展，经过
意识的鉴别、比较、选择，人能够用真、善、美来克服假、
恶、丑。这样，人就能够创造出越来越多的价值，获得越来越
多的自由，当然，这种创造价值、获得自由，都是有条件的、
相对的。但从辩证法的观点看，相对之中有绝对，相对的东西
之中内在地包含着超越的、绝对的东西，绝对的真、善、美和
自由，就是在相对的精神创造的过程中逐步展开的。所以，人
所关怀的终极目标并不是永远达不到的，不应该把现实和终极

---

① 金岳霖：《论道》，第 261 页。
② 金岳霖：《论道》，第 260 页。

目标割裂开来。

（十二）"无量"①

金岳霖的"无量"范畴就相当于这儿的无限前进运动。金岳霖从方法论上说，认为利用"无量"意念为工具，能超越特殊时空的限制。无量这个范畴使得我们可以说甲之前有乙，乙之前有丙，丙之前有丁，以至无量。这从形式逻辑的观点看，无穷尽递进就是不可能达到，论辩导致无穷尽递进，就是逻辑错误。但换个角度，正是无量这一概念使我们可超越特殊时空的限制。金岳霖在《势至原则》一文中说，对任何个体，从共相方面说，用无量的抽象法；从殊相方面说，用无量的变更法，就能达到个体中间那个非共非殊的"底子"，这个"底子"就叫作"能"。我这儿不用"能"的称号。但认为使用"无量"作工具以超越特殊时空的限制，能帮助我们实现由知识到智慧的飞跃，直觉地把握体用不二的实在之流，把握无限潜能化为现实的运动，即把握到道。这就是在有限中揭示无限的途径。

以上讲的是两层意思。一是根据恩格斯的观点，有限与无限的矛盾展开为无限前进运动，这是讲客观现实和认识过程的辩证。二是借鉴金岳霖，使用"无量"（即无限前进运动）概念为工具，实现从有限到无限的飞跃，在有限中揭示无限。这是从方法论或概念的辩证法讲的。

———————————

① 参见冯契：《认识世界和认识自己》，第341—342页。——编者

编后记

今年系金岳霖先生诞辰 130 周年暨冯契先生诞辰 110 周年。值此之际，特从《冯契文集》（增订版）中辑录冯契先生讨论金岳霖的文字，编为一册，以示纪念。经与晋荣东、刘梁剑等教授商议，将书名定为"冯契讲金岳霖哲学"。

杨国荣教授为本书专门撰写了导读。

华东师范大学哲学系博士生尹紫涵、硕士生刘意参与了文字整理工作。

华东师范大学出版社

2025 年吉旦